唐浩明評點曾國藩日記

一

修聖賢之身，悟日用之道

學界有晚清四大著名日記的説法。這四部日記分別爲曾國藩的《求闕齋日記》、李慈銘的《越縵堂日記》、王闓運的《湘綺樓日記》、翁同龢的《翁文恭公日記》。其中影響最大的當推曾國藩的日記。

現存的曾氏日記，起自道光十九年正月初一日，終止於其去世的當天，即同治十一年二月初四日，時間跨度長達三十四年。或許是早期的曾氏恒心不够，因宦務煩雜而有所間隔，也或許是因遷徙而遺失、因戰火而焚毁等緣故，三十四年的日記中有所缺失，流傳至今的文字約一百三十萬言。宣統元年，中國圖書公司將其手稿印行。此手稿在二十世紀四十年代末被其第四代嫡孫寶蓀、約農姐弟帶到臺灣，後來捐贈給臺灣政府，珍藏於臺北『故宫博物院』。六十年代中期，臺灣學生書局以《曾文正公手寫日記》爲書名影印出版。

曾氏日記究竟因爲什麽緣故而受到後世的重視呢？筆者以爲，其原因可能有以下幾個方面。

第一，曾氏是一個對中國近代歷史有很大影響的人物，無論是學術界還是社會民衆，對其一生的行事都很有興趣。他的親筆日記，尤其是其咸豐八年六月再次出山之後逐日記録的日記，對研究他本人以及他所處的那個時代，有任何其他史料所不可替代的作用。

第二，曾氏出身於偏僻鄉村的世代農家，後來成爲扶危定傾的國家幹臣。一百多年來，他是所有平民子弟的勵志榜樣，人們對他的成長史格外關注。曾氏的日記，尤其是早年在京師翰苑刻苦自勵的那一段心路歷程，堪稱一切有志向有抱負的年輕人的最佳教科書。梁啓超當年就是這樣學曾氏的。他對人説：『近設日記，以曾文正之法，凡身過、口過、言過皆記之。』

曾氏的修身有一個突出的特點，那就是自覺認真。他以聖賢爲榜樣，以慎獨爲準則，以血戰之勇氣，以截斷後路之决心，從嚴要求，切實踐行。常言説人非聖賢，但曾氏偏要以聖賢爲目標，宣稱『不爲聖賢，便爲禽獸』。他爲何要如此爲難自己？原來，曾氏采取的是取法上上的策略。古人認爲取法乎上僅得其中，若想得其上，便衹有取法上上了。正因爲目標定得甚高，所以儘管曾氏終其一生並未成爲聖賢，但在道德自我完善這方面，古今政治家中罕有其匹。尤其於克己自律上，在一塌糊涂的晚清官場，他應屬鳳毛麟角。

第三，今人讀曾國藩，更多地是看重他的人生智慧與處世謀慮。他的日記，恰恰記録了不少關於這方面的領悟。因爲是私人的隨手所録，曾氏的這些悟道過程，便會以最初始最本色最隨意的狀況保留下來，因而也便更具有真實性與借鑒性。

曾氏不是原創型的思想家，他也不是對理學有重大貢獻的學問家，實事求是地説，曾氏衹是一個將中國傳統文化履行於人生事業中的經世致用者。他對道的思索與領悟，更多地體現在世俗庸常中。他信奉『絶大學問皆在家庭日用之中』的理學真諦。他勤於思考，善於歸納，將家庭日用間的絶大學問，通過自身的體驗，以自己的語言表述出來，真實親切，曉暢易行。讀他的日記，就如同聽一位閲歷豐富喜歡琢磨的智者在談心。

第四，我們常説歷史要細讀，真正的歷史之細，不存在於官方史册，更不存在於學者專著，而是散落在各種不經意的文字中，那裏往往會透露出大風大浪初的細微漣漪、大變大故前的蛛絲馬迹。曾氏的日記，偶爾會留下一些大歷史裏的小細節，故而顯得彌足珍貴。比如同治元年正月初十日，曾氏在日記中説，朝廷頒發下來的代表王命的旗幟，居然粗窳得如同小兒玩具。朝廷再窮，也不會窮到連製作幾面小王旗的銀子都没有。這個細節所傳達的信息是：愛新覺羅王朝氣數已盡。

正因爲曾氏的日記内涵豐厚、容量廣博，『評點曾國藩』系列不能没有日記的評點。筆者從傳世的曾氏日記中挑選出三百來篇，分爲修身、悟道、讀書、國事、家事、品鑒、寫字、夢境八大類。爲保持一天日記的完整性，所挑選的日記整篇照録，不再删節。原文之後的評點，仍舊像過去一樣，盡筆者之所能，給讀者提供一些幫助，以便對該篇日記有更好的理解。在每大類之前，筆者會有一篇總評，意在爲讀者充當引導。

當年，王闓運在宣統版曾氏日記的序言中説：『惜其記事簡略，非同時人莫能知其厓涘。故闓運觀之而瞭然，不能喻之人也。時歷四紀，欲學裴松之以注輔志，則記録文字不備，無從搜求證明。此輪扁所以嘆糟粕與！』連曾氏的好朋友一代宿學王闓運都感嘆不能將曾氏日記喻之人，在曾氏去世一百四十年後，筆者以淺陋之學來評點其日記，自知離其厓涘相差甚遠。好在有湘綺老人的感嘆在前，想必讀者會給予寬容。

癸巳冬月於長沙静遠樓

目録

唐浩明評點曾國藩日記

悟道

讀書　二三七

國事　二六九

家事

寫字

品鑒

夢境

修身

曾國藩是個有大志的人，這從他考上進士後將名字由過去的『子城』改爲『國藩』一事上足以爲證。對於一個深受儒家學說熏陶的人來說，所謂大志，就是治國平天下。然而儒學的治國平天下並不是平地建高樓，它得有基礎，其基礎即建立在修身齊家之上。《大學》開宗明義説的就是這個：『古之欲明明德於天下者，先治其國；欲治其國者，先齊其家；欲齊其家者，先修其身。』『身修而後家齊，家齊而後國治，國治而後天下平。』又說：『自天子以至於庶人，壹是皆以修身爲本。』

什麽是修身？按照《大學》的解釋，即格物致知，誠意正心。用我們今天通常的語境來表述，修身至少包括兩個方面的内容：一是素質方面的提高，即去掉自身的毛病，學習别人的長處；二是精神境界的提升，即把自己的心態理念價值觀從世俗的境界上提高一步。在儒家學説看來，修身是爲人處世的根本，即便不能治國平天下，也要把身修好，因爲它也是整治家庭的先決條件；至於家庭，那當然是每個正常人都會擁有的一塊領地。

據曾氏説，他在辛卯那年就給自己取了個號曰滌生。所謂滌生，即滌舊生新，這就是修身。可見早在二十一歲時，他就已經認同儒家的修身之説。由於没有文字資料，我們今天無從知道當時曾氏是如何滌去舊習生發新意的了。道光二十年，曾氏進京做翰林院檢討，身份地位的改變，促使他對自己的期許更大，要求更高，加之京師有一批志同道合的朋友和德高望重的老師，於是在『師友挾持』之下，曾氏開始了一段極不平常的修身歲月。

那時京師士人的修身，重在以日課爲監督。日課即日記。課者，考核督促也。每天以文字來反省這一天的所思所想、所言所行，檢查失誤，督促自己向聖賢靠攏，同時也藉以獲得師友的幫助。曾氏早期寫於京師的日記，很醒目地展示了這一特色。

通過這些日記，我們看到一個身上有不少毛病的青年翰林。這些毛病主要體現在如下幾個方面：褊激、躁動、虚假、自以爲是、好名、好利、好表現、有不良嗜好、缺乏恒心。

通過這些日記，我們也看到一個真誠、不留退路、發誓要跟自身毛病血戰到底的志士：他敢於亮出靈魂深處的陰闇，他不惜痛罵自己卑鄙下流，他的自新態度是破釜沉舟式的——不爲聖賢，即爲禽獸。

通過這些日記，我們更看到一個努力將高遠目標一步步落實到日常言行中去的踏實踐履者：他知錯後主動向朋友認錯，他戒掉抽烟的陋習，他堅持夜不出門，他立志不以做官發財爲人生目的，他要求自己有效法前賢澄清天下的宏偉抱負。

後人談論曾氏，多認爲他前期的官運亨通得力於人脉的暢達，後期的功業顯赫則受惠於時代的機遇，其實這些都不是决定的因素。對曾氏而言，决定的因素恰恰是翰苑期間的誠正修身。這種人格的錘煉，纔是他日後克難成功的關鍵。

要説曾氏經過早期的修身完全做到了脱胎换骨，那顯然是不實之言。青年曾氏身上的一些主要毛病，如褊激、如躁動、如自以爲是等等，在他後來的事功生涯中也屢屢重犯。早期修身帶給他終生的受益，則是因此養成的一種自覺的思維方式與行爲方式，這種方式即自律克己。正是因爲自覺的律己克己，使得曾氏在日後的日子裏，不論順境還是逆境都能對自身保持着克制、低調、冷静、審慎的心態。這既是曾氏本人獨具的特色，亦是中華文化的本質底色。筆者真誠地希望，有志獻身於公衆事業的讀者諸君，能從所選的曾氏部分有關修身的日記中，通過一個活生生的人物之可觸可摸的言語行爲與思想活動，來領悟中華文化這一精髓要義，從而更好地構築人生與自己的事業。

□檢身之要與讀書之法

原文

晏起。飯後走梅世兄處，明日渠扶櫬南歸，今日走去探問一切。旋至許世叔處送行。又至周華甫之母處拜壽。又至胡潤芝處，問伊扶櫬歸葬事宜。胡送余《陶文毅公全集》二部。又至唐鏡海先生處，問檢身之要、讀書之法。先生言當以《朱子全書》爲宗。時余新買此書，問及，因道此書最宜熟讀，即以爲課程，身體力行，不宜視爲瀏覽之書。又言治經宜專一經，一經果能通，則諸經可旁及。若遽求兼精，則萬不能通一經。先生自言生平最喜讀《易》。又言爲學祇有三門：曰義理，曰考核，曰文章。考核之學，多求粗而遺精，管窺而蠡測。文章之學，非精於義理者不能至。經濟之學，即在義理內。又問：經濟宜何如審端致力？答曰：經濟不外看史，古人已然之迹，法戒昭然；歷代典章，不外乎此。又言近時河南倭艮峰仁前輩用功最篤實，每日自朝至寢，一言一動，坐作飲食，皆有札記。或心有私欲不克，外有不及檢者皆記出。先生嘗教之曰：不是將此心別借他心來把捉纔提醒，便是閉邪存誠。又言檢攝於外，祇有『整齊嚴肅』四字；持守於內，祇有『主一無適』四字。又言詩、文、詞、曲，皆可不必用功，誠能用力於義理之學，彼小技亦非所難。又言第一要戒欺，萬不可掩着云云。聽之，昭然若發蒙也。（道光二十一年七月十四日）

評點

道光二十年，三十歲的曾國藩再次來到北京，參加翰林院的散館考試。兩年前，經過二十三年的寒窗苦讀，七次考秀才、一次考舉人、三次考進士的坎坷經歷，曾氏終於考上進士，並點了翰林，成爲那個時代最令人羡慕的幸運兒，並因此徹底改變他本人以至他那個『五六百年載，曾無人與於科目秀才之列』的曾氏家族的命運。

曾氏順利通過散館考試，被分發在翰林院做一個從七品的檢討。從七品固然銜小，檢討也固然位卑，但翰林院可是個『儲才養望』的大好之地，朝廷中的大學士、尚書、侍郎，地方上的巡撫、藩司、臬臺，絶大部分從這裏走出。瞻望前程，真個是美好無限。何況翰林素有『天子文學侍從』的美譽，有機會近距離地接近皇帝。一個生在偏僻鄉村、世代務農的草根野民，能有如此出息，這是何等的不容易！

科舉的勝利，也讓這個素有大志不甘平庸的青年，平添一股强烈的自信與自許的情懷，以做國家棟梁爲期待，並『遂然有效法前賢澄清天下之志』（黎庶昌：《曾國藩年譜》）。

這『澄清天下』，就是儒家信徒的最高目標：平天下。要實現這個目標，得有一個完整的程序。這個程序即《大學》所説的修身、齊家、治國、平天下。在儒家聖賢看來，一個人先得把自身修煉好，然後再把家整治好。古代家庭一般三代同堂，許多人家第二代兄弟數人即便娶妻生子亦不分家，十多二十口人在一起生活，要治好家亦不易。治好家後再把所從事的公務辦好，最後纔談得上澄清天下。修煉身心，充實才幹，這是曾氏進入翰苑之後爲遠大理想的實現，而自我規劃的兩大任務。曾氏因此而面臨人生的一個重大轉折點。

幫助他完成這個人生大轉變的，是他的一班子志同道合的朋友。曾氏在道光二十二年十二月二十日給諸弟的信中説：『現在朋友愈多。講躬行心得者，則有鏡海先生、艮峰前輩、吴竹如、竇蘭泉、馮樹堂；窮經知道者，則有吴子序、邵蕙西；講詩文字而藝通於道者，則有何子貞；才氣奔放，則有湯海秋；英氣逼人志大神静，則有黄子壽。又有王少鶴、朱廉甫、吴莘畬、龐作文。此四君者，皆聞予名而先來拜，雖所造有淺深，要皆有志之士，不甘居於庸碌者也。京師爲人文淵藪，不求則無之，愈求則愈出。』

曾氏所開的這一長串名單中，打頭的『鏡海先生』，其實不是他們的同輩人。

鏡海先生姓唐名鑒，湖南善化人，翰林出身，歷官地方二十年，道光二十年七月進京爲太常寺卿。唐鑒學問淵懿，勤於著述，有《朱子年譜考异》、《省身日課》、《畿輔水利》、《學案小識》等著作傳世，名滿天下。無論是年歲、官階，還是學問、資望，都遠在這批年輕人之上，毫無疑問，唐鑒是曾氏這一班子朋友的領袖與導師。

曾氏日記中最早出現唐鑒名字的是在道光二十年十一月初五日：『唐鏡海前輩來，繼朱嘯山來，同至琉璃廠買紙，又同至楊杏農處，又同至蕭史樓處，請蕭寫壽屏。』可見，唐鑒進京後不久，曾氏便與他有往來了。唐鑒當時六十四歲，爲正三品的朝廷大員，而此時曾氏祇是三十一歲的從七品翰林院檢討。他能親自來到曾家，一則可見唐對曾的器重，二則可見唐是個不擺架子的人。

黎庶昌編曾氏《年譜》，在『道光二十一年』中記載：『善化唐公鑒由江寧藩司入官太常寺卿，公從講求爲學之方。時方詳覽前史，求經世之學，兼治詩古文詞，分門紀録。唐公專以義理之學相勖，公遂以朱子之書爲日課，始肆力於宋學矣。』《年譜》中的這一段話，其詳細的文字印證，就是上面所録的這段日記原文。

道光二十一年七月十四日，吃過早飯後，曾氏離家先去看望同鄉同年同官翰林院的好友梅鐘澍的兒子。梅鐘澍不久前去世，其子明天將護送靈柩回湘。一向熱心公益事業的曾氏，此時還兼任管理長沙府會館事。於公於私，曾氏都應該在靈柩離京前，對其遺屬予以關心存問。接着又到一個姓許的長輩家爲之送行，接下來又到周華甫的母親家爲之拜壽。然後再到胡林翼家，問六月份去世的胡父靈柩南歸事。胡之父親胡達源，二十三年前以探花身份留京任職，死時官居詹事府詹事。雖官位不高，但出身巍科，也算得上湖南的一代名宦。胡林翼將其岳父陶澍的全集兩部送給曾氏。於此，我們可知這兩位日後的中興名臣，其私交基礎之深厚。離開胡宅後，曾氏便去拜訪唐鑒，並在當天夜裏留下這段重要的日記。

曾氏這次向唐鑒請教兩個問題：一是檢身之要，即查檢自身的要點，問的是修身之事；一是讀書之法，問的是求學之事。唐鑒就此兩個問題回答曾氏。他説，修身應當以《朱子全書》即朱熹的著作爲宗旨。這部書應該熟讀，以之作爲日常功課，按着朱子的教導切切實實地履行，不宜將它當作泛泛而讀的一般書籍對待。唐又告訴曾氏，研究經典，應當專精一部經。一部經典如果能够精通了，其他經典則可以觸類旁通。若一下子就急於兼通所有經典，其結果是連一部經典都不能精通。唐鑒説他一生最喜歡讀的書也祇有《易經》一部。

談到爲學事，唐鑒説，學問祇有三大門類：一爲義理之學，即探求天地人生大道理的學問；一爲考核之學，即追根尋源考證學問；一爲文章之學，即詩文寫作。考核之學方面的著作，大多數追求的

祇是粗淺，而將精粹遺漏了。文章之學，若不精於義理則不能達到高水平。至於經邦濟世的學問，即包含在義理之學中。曾氏於是問，關於經邦濟世這門學問，怎樣纔能入門深造。唐鑒回答：這方面的學問之獲得，不外乎勤讀史書。古人的作爲，他們成敗得失的經驗教訓，都清清楚楚地記録在史册上。歷朝歷代的典章制度，也都記在書中。

接下來，唐鑒特别表揚倭仁。倭仁是蒙古正紅旗人，字艮峰，翰林出身，此時正任職翰林院侍讀學士。倭仁是近代史上的名人，他以理學大師之名在士林中享有清望，又官運亨通，先後做過大理寺卿、工部尚書、同治帝師、文淵閣大學士。他比曾氏大七歲，應該算是唐鑒的第一號大弟子。唐鑒告訴曾氏，倭仁在檢身方面用功最篤誠實在，每天從起床到就寢，其間的每句話每個行動，讀書寫作飲食起居，皆有記録。或是心裏面有私欲沒有克除，表現在外的檢點不够之處，也都寫在日記裏。

曾氏寫到這裏，想起唐鑒曾經對他説過：若不是自己的本心已被其他欲念來捉弄時纔想到要提醒，那就到達邪端已被禁閉、誠意已被保存的境界了。接着曾氏又記下唐鑒所説的話：對於自身表露在外的言行容止，祇有用『整齊嚴肅』四個字來要求；持守於内心的信念把握，祇有用『主一無適』四個字，即守定一個宗旨不分心。詩、文、詞、曲這些方面，都可以不必太用功，倘若能致力於義理之學，那些小技能並不難於掌握。唐鑒特别强調要戒除欺瞞這個毛病，萬萬不可藏着掩着等等。

聽了唐鑒這些話，曾氏有蒙昧被啓發、心裏突然明亮似的感覺。究竟是什麼東西，使得已經是學問滿腹才華洋溢的文學侍從有再次啓蒙之感呢？

以筆者的體會，主要有兩點：一是修身方面的『身體力行』，即在自我身上切切實實地踐行聖賢教導，不應該説的是一套、做的又是一套，要求别人的是一套、自己做的又是一套，文章裏寫的是一

套、現實中做的又是另一套。二是學問方面，要真正地弄通義理，也就是説要詳究天地、宇宙、社會、人生、人性等方面的深刻道理。其他的學問，則在其次。

曾氏一直在讀聖賢書，在做代聖賢立言的文章，但聯係自身却想得少做得更少。曾氏過去醉心於詩文創作，對義理深究不够，没有將它們視爲籠罩一切的學問。道兩點，唐鑒的話都讓他有茅塞頓開之感，如同再次發蒙。從那以後，研究義理之學，反省自身，便成爲曾氏堅持一生的功課。

□戒烟

原文

黎明起，走會館拈香。歸，圈《漢書》《馮奉世傳》、《宣元六王傳》、《匡衡張禹孔光傳》。下半天，走雨三處、寄雲處、敬堂處。夜歸，早睡。是日早起，吃烟，口苦舌乾，甚覺烟之有損無益，而刻不能離，惡濕居下，深以爲恨。誓從今永禁吃烟，將水烟袋捶碎。因念世之吸食烟癮者，豈不自知其然？不能立地放下屠刀，則終不能自拔耳。（道光二十一年九月初一日）

評點

曾氏有吃烟的不良嗜好，甚至到了一刻都不能離開的地步，走到哪兒，都隨身帶烟管、佩烟袋，形象已屬難看，更重要的是對身體戕害甚大。不衹是他説到的『口苦舌乾』，更嚴重的是影響他的肺部。曾氏三十歲時就患有肺病。《年譜》中説他道光二十年進京散館，正月到的北京，『六月移寓果

子巷萬順客店，病熱危劇，幾不救。同寓湘潭歐陽小岑先生兆熊經理扶持，六安吴公廷棟爲之診治』。肺病重得幾乎要奪去性命，幸虧靠了歐陽兆熊、吴廷棟二人的醫治護理，纔渡過那道難關。歐陽與吴，也便因此成爲曾氏的摯友。曾氏晚年委托歐陽開辦金陵書局，他一生最後見的舊友即吴廷棟，生死之交結下來的友誼維持終生。

曾氏以捶碎水烟袋的决絶態度立志戒烟，希望能放下屠刀，立地成佛。世間很多吸烟者，都曾經有過戒烟的經歷，有的人後來戒掉了，也有人屢戒屢復，最終没有戒掉。曾氏戒掉了嗎？道光二十二年十月初七日日記：『本日説話太多，吃烟太多，故致困乏。』他的日記爲此一問作了回答：近一年時間了，他還没戒掉。

□聰明日減，學業無成

原文

早起，温《詩經》《鼓鐘》、《楚茨》。飯後，走儷裳處拜壽。因走蔡春帆處、崙仙處、少鶴處。歸，閲《漢書》《馬宫傳》、《王商史丹傅喜傳》、《薛宣朱博傳》。下半天，小珊來，余走吴和甫處。

三十年爲一世。吾生以辛未十月十一日，今一世矣。聰明日減，學業無成，可勝慨哉！語不云乎『往者不可諫，來者猶可追』。自今以始，吾其不得自逸矣。道光辛丑初度日識。（道光二十一年九月初二日）

評點

曾氏生於嘉慶十六年，歲次辛未，到了道光二十年，剛好三十歲整。孔子說三十而立，可見三十歲對於男人來說，是一個重要的年份。照世俗的眼光來看，三十歲的曾氏已是『立』得出類拔萃了。但他本人並不這樣認爲，他以『聰明日減，學業無成』來概括眼下的自我處境。對於一個三十歲的人來說，這種衡量標準有點過於嚴苛。可能曾氏鑒於記誦能力不如早幾年，以及尚未有學術專著問世這兩個方面來責備自己。這應該說是取法乎上上了。古人曰：取法乎上，僅得其中，說的是自我要求不妨高些。曾氏之用意亦在此，故而告誡不能『自逸』。

□研幾工夫最要緊

原文

丑初起，至午門外迎送聖駕，在朝房不能振刷出拜。楊樸庵論《四書》文有誕言。至會館敬神，飯周華甫處，言不由中。拜倭艮峰前輩，先生言『研幾』工夫最要緊，顏子之有不善，未嘗不知，是研幾也。周子曰：『幾善惡。』《中庸》曰：『潛雖伏矣，亦孔之照。』劉念臺先生曰：『卜動念以知幾。』皆謂此也。失此不察，則心放而難收矣。又云：人心善惡之幾，與國家治亂之幾相通。又教予寫日課，當即寫，不宜再因循。出城拜客五家，酉正歸寓。燈下臨帖百字。（道光二十二年十月初一日）

評點

這一天的日記雖然短，但內容豐富。先是對自己本日的所作所爲做了三次反省：一是在朝房內精神不振作，二是與人談論文章時說了虛誕之語（細揣『楊樸庵論《四書》文有誕言』一句，『楊樸庵』前當缺一『與』字），在別人家吃飯時，說了假話。曾氏如此省身，真正做到了《論語》中所說的『吾日三省吾身』。接下來，簡要記下倭仁的話。

倭仁對曾氏說的這番話，核心在『研幾』二字。幾是什麼？幾就是事物出現前或變化前的細微迹象。《易·繫辭》說：『幾者，動之微，吉之先見者也。』舉動前之細微，吉凶前之徵兆即幾。對這種『幾』細緻地考察，詳盡地研究，就是研幾。倭仁對曾氏說，人心善與惡的幾微，與國家治與亂的幾微是相通的，道理是一樣的。人在惡念初萌時不能遏制，則有可能釀成罪惡行爲的發生；國家若不能在動蕩徵兆出現時予以制止，則有可能爆發大動亂、大災難。涓涓細流，匯成江海。處在細流時畢竟好改變，一旦成爲江海，則不能對付了。惡處於細流時，別人不知道，但自己有可能知道。此時如果能自我反省，就有可能將它堵塞。故而，一個時時反省的人，衹要他是真誠的，便可以杜絕大惡大罪的出現。

最後，倭仁還告訴曾氏要趕緊寫日課。所謂日課，即每天將自己這一天來的思想行爲予以反思，並記録下來，隨時督促。光緒二十六年，偶讀曾氏文字後便大爲震撼，決心以曾氏爲人生榜樣的梁啓超，在寫給朋友葉湘南、麥孺博的信中說：『弟日來頗自克厲，因偶讀曾文正家書，猛然自省……弟近日以五事自課：一曰克己，二曰誠意，三曰立敬，四曰習勞，五曰有恒。蓋此五者，皆與弟性質針對者也。時時刻刻以之自省，行之現已五日，欲矢之終身，未知能否……近設日記，以曾文正之法，凡身過、口過、意過皆記之。』梁啓超這段話，足可以幫助我們理解日課的做法與意義。

□靜坐

原文

辰初起，靜坐片刻，讀《易·咸卦》。飯後昏昧，默坐半刻，即已成寐。神濁不振，一至於此。讀《咸卦》，卦象辭能解，《繫傳》釋『九四爻』，不知其意，浮淺可恨。靜坐，思心正氣順，必須到天地位、萬物育田地方好。昏濁如此，何日能徹底變換也。午正，金竹虔來長談。平日游言、巧言，一一未改，自新之意安在？飯後，走惲浚生處商公事。燈後，臨帖二百字。讀許文正公語録，涉獵無所得。記昨日、今日事。（道光二十二年十月初二日）

評點

日記説的是通過靜坐來澄清昏濁事。靜坐可以净慮去雜，讓心安定下來，本是佛家、道家修行的重要途徑。釋迦牟尼靜坐菩提樹下參悟大道，達摩祖師面壁少林終日默然自修。莊子更認爲靜坐可以忘記一切，渾然物我是非，這便是著名的道家坐忘。三十二歲的曾氏正處於血氣方剛的青春躁動期，外間的應酬繁忙，內心的欲望很多，要想安靜的確不易。他的日記中常見的『囂』、『濁』、『昏』、『浮』等字眼，便是他日常心境的真實寫照。他對此種景況非常不滿意，然一旦坐下來，便又想打瞌睡，這很令他沮喪。如何讓靜坐達到净慮的目的？他總結出『天地位，萬物育』的六字體會。

這六個字，初看頗爲玄虛，其實恰到好處。所謂天地位，就是天地正位的意思，泛指大腦、四肢、五臟六腑各個器官都處於正常秩序之中。正常秩序就是自然狀態，不必做作克制，更不要緊張霸蠻。所謂萬物育，就是萬物發育，也就是身體內的各種運行暢通無阻，生命處於一種蓬勃盎然的興旺狀態。如同朱熹所説『魚躍於淵，活潑潑的』，又如曾氏後來所作的聯語『養活一團春意思』，説的便都是『萬物育』。這既是一種恒常境界，也是一種高尚境界。這樣的靜坐，方能起到應有的作用。

日記又反省自己今天的不當之處，與朋友談話有游言、巧言，也就是有無根據、討好乖滑一類的話，責備自己没有實實在在地改過自新。

□諍友陳源兖

原文

一早，心囂然不靜。辰正出門拜何子敬，語不誠。至岱雲處，會課一文一詩，謄真，燈初方完。僅能完卷，而心頗自得，何器小若是！與同人言多尖穎，故態全未改也。歸，接家信。岱雲來，久談，彼此相勸以善。予言皆己所未能而責人者。岱雲言余第一要戒『慢』字，謂我無處不着怠慢之氣，真切中膏肓也。又言予於朋友，每相恃過深，不知量而後入，隨處不留分寸，卒至小者齟齬，大者兇隙，不可不慎。又言我處事不患不精明，患太刻薄，須步步留心。此三言者皆藥石也。天頭：直哉，岱雲克敦友誼。默坐，思此心須常有滿腔生意；雜念憧憧，將何以極力掃却？勉之！復周明府樂清信。

利心已萌。記本日事。（道光二十二年十月初三日）

評點

古人有諍友、畏友之説，意謂能直言規勸、令人敬畏的朋友。日記中提到的岱雲就是這種諍友、畏友。岱雲姓陳名源兖，湖南茶陵人，與曾氏爲同科進士、翰林，關係密切，後又結爲兒女親家：曾氏次女紀耀嫁陳氏次子遠濟。陳源兖品學俱佳，然命運並不太好，咸豐三年死於安徽池州知府任上，年僅四十一歲。

陳源兖指出曾氏三個缺點：一是對人怠慢，二是恃才自負，三是處事刻薄。能如此直爽、如此不講情面地批評人的朋友，現在已經不容易見到了，而像曾氏這樣把别人的批評記在日記上，心悦誠服地接受，並稱之爲『藥石』的朋友，現在可能更難找了。這三條批評，對曾氏震動不小，甚至可以説他一生都在以此爲警戒。他後來爲人處世的謙虚謹慎、大力提倡恕道，特别是晚年將書房命名爲無慢室等等，都可以看到陳源兖之諍在他身上所起的作用。

此篇還檢查自己的『語不誠』、『器小』、『雜念憧憧』、『利心已萌』等毛病。其中所説的『滿腔生意』，又正可以幫助我們理解『萬物育』的静坐田地。

□倭仁讀過曾氏的日記

原文

早起，讀《咸卦》，較前日略入，心仍不静。飯後往何家拜壽，拜客五家。歸，吴竹如來，長談，彼此考驗身心，真畏友也。艮峰先生來。對二君，心頗收攝。竹如言『敬』字最好，予謂須添一『和』字，則所謂敬者方不是勉强把持，即禮樂不可斯須去身之意。天頭：敬自和樂，勉强固不是敬，能常勉强亦好。艮峰。躬行無一，而言之不怍，豈不愧煞！黎月喬前輩來，示以近作詩，贊嘆有不由中語，談詩妄作深語，己所不逮者萬萬。丁誦生來，應酬言太多。酉正走何子貞處，唱清音，若自收攝，猶甚馳放，幸少説話。酒後，與子貞談字，亦言之不怍。一日之間，三犯此病，改過之意安在？歸，作字一百，心愈拘迫，愈浮雜。記本日事。又酒時忽動名心，爲人戒之。（道光二十二年十月初四日）

評點

吴竹如即吴廷棟，因爲擅長醫道，常常爲曾氏家人把脉問診，故在曾氏的衆多朋友中，他又是往來更爲頻繁的朋友之一。吴氏與曾氏談『敬』。何謂『敬』？孔子説『執事敬』、『修己以敬』、『行篤敬』，可知『敬』乃一種對人對事的恭肅態度。朱熹對『敬』大爲推崇，説：『敬字工夫，乃聖門第一義。』『敬』的反面就是『慢』。看來，對人怠慢是曾氏一個很突出的缺點。他的朋友們都看出來了。繼陳源兖直截批評他的怠慢後，好友吴竹如又來迂迴地跟他談『敬』。

曾氏深知『敬』的重要，他更提出一個『和』字來互補。曾氏的此種認識，基於對禮與樂之間互補的理解。近代著名學者馬一浮說得好，『禮以敬爲本』。禮以別上下尊卑，社會秩序得以建立，故而根本在『敬』；樂以調和差异，萬物和諧得以共生，故而樂的根本在『和』。儒家以禮樂治國，外借禮來等級有序地予以節制，內借樂來陶鎔心靈予以教化。

曾氏以『和』補『敬』是很有道理的。這個認識從此支配他的一生，成爲他齊家治國的重要理念。同治七年七月初二日，他在日記中寫道：『蓋家道之興，全在肅雍二字。肅者，敬也；雍者，和也。』晚年又親筆書寫『肅雍和鳴』四字，家人將它製成巨匾，懸掛於富厚堂內，世代奉爲圭臬。

這篇日記值得我們重視的還有倭仁在天頭上的一句批語：『敬自和樂，勉强固不是敬，能常勉强亦好。』先來說說倭仁的這句話。倭氏贊成『敬和』並舉，但又明確表示，即使勉强把持也是好事。在倭氏看來，『敬』更重要，『敬』也難以自覺做到，需要一段時期的强力逼迫，然後纔可以達到內和外敬的圓通境地。這是對曾氏的委婉開導。

我們還可以從倭仁的批語中看出，曾氏的日記是在朋友圈中被傳閱的。既然曾氏的日記朋友們能看到，那麽朋友們的日記，曾氏也可以看到。由此，我們可知，在曾氏當年那個朋友圈中，彼此的日記是互相看的，而且可以把自己閱後的意見直截寫在別人的日記上。須知他們是倡導誠、倡導敬的，是要把自己的內心世界坦露出來的。這需要多大的勇氣！這種自修行爲是多麽的真誠！可惜的是，如此古風，早已在中國官場士林中蕩然絶迹了。

□願終身私淑孟子

原文

早起，高誦養氣章，似有所會，願終身私淑孟子。雖造次顛沛，皆有孟夫子在前，須臾不離，或到死之日可以仰希萬一。昏濁如此，恐旋即背棄也，戒之！讀《易》《恒卦》、《遁卦》，無心得。會客三次。未正，走馮樹堂處，看樹堂日課，因與語收攝之方，無諸己而責諸人，可耻！且談時心有驕氣，總由心不虛故。歸寓靜坐，一時成寐，何不振也！飯後，岱雲來，談詩、字心得。語一經說破，胸中便無餘味，所謂德之棄也。况無心得，而有掠影之談乎？臨帖二百字。記本日事。作字時，心頗活潑。（道光二十二年十月初五日）

評點

一早起來，曾氏高聲朗讀《孟子》中的養氣篇章，感覺到有所領會。他表示願意終身做孟子的私淑弟子，希望到死之日可以得到萬分之一的孟子真諦。曾氏此心，甚是虔誠。

《孟子》中的養氣章說的什麽呢？讓我們一起來温習這段著名的孟子語録：『我知言，我善養吾浩然之氣。敢問何謂浩然之氣？曰難言也。其爲氣也至大至剛，以直養而無害，則塞於天地之間。其爲氣也，配義與道；無是，餒也。是集義所生者，非義襲而取之也。行有不慊於心，則餒矣。』

『我善養吾浩然之氣』，孟子的這句話，成爲兩千年來，無權無勢無財富的中國知識分子的力量源泉和自强自尊自信的根基所在。依賴着心中的浩然之氣，也就是道義正氣，無數真正的中國士人能保持節操，守住底綫，做到如孟子所說的『說大人則藐之』，『富貴不能淫，貧賤不能移，威武不能屈』，成爲一個人所仰慕的『大丈夫』。

作爲一個貧寒家庭出身的翰林院低級官員，曾氏非常能認同這種浩然之氣的重要性，所以他心悅誠服地拜倒在孟子的几下。除開這點外，以筆者對曾氏的研究來看，還有曾氏對孟子的文風極爲喜愛的一層原因在内。我們讀《論語》，看到的是一位循循善誘的長者。我們讀《孟子》，看到的是一位滔滔雄辯的强者。孟子的體内，有一股不可遏制的强大氣流，發而爲言，則氣勢雄渾，爲長江大河，一瀉千里，令人爲之懾服。這種文風，後來爲韓愈所發揚光大，一直成爲中國文壇的主流派。我們細讀曾氏的文章，可以看出曾氏是孟韓文風的卓越繼承者。曾氏論文喜歡談氣，這種氣即來源於孟子的浩然之氣。心中有一股倔强之氣，這是曾氏與天俱來的禀賦，這種天賦正與孟子的浩然之氣合拍。應該說，這更是曾氏喜歡孟子的内在因素。

日記中說到『作字時，心頗活潑』。這句話爲我們找到曾氏爲什麽一生愛好書法，最終能成爲近代書壇大家的鑰匙。原來，作字能給他的心靈帶來樂趣！勉强力行畢竟有難度，内心喜悦纔有持久不衰的動力。

我們在這篇日記中看到曾氏責罵自己『可耻』的字眼。在以後的日記裏，我們還會經常看到曾氏呵斥自己的這些憤慨話。前人說曾氏修身是『痛自刻厲』，他本人則說要與自身毛病『血戰一番』。由此可知修身是一件痛苦的事。人們說人的一生最大的敵人就是自己。此話確乎有幾分道理。

□力懲簡慢

原文

早，讀《晋卦》，頗融愜。『罔孚，裕，无咎。』裕，難矣。《中庸》『明善誠身』一節，其所謂裕者乎？飯後進城看房子，晤竹如，同謁唐先生，久坐。出城拜客六七家。力懲簡慢之咎，已入於巧令矣。酉末歸，作字一百。燈後，又作一百。走岱雲處，商應酬事三端，言太多。歸，作詩十六句，未成。精神要常令有餘，於事則氣充而心不散漫。本日說話太多，吃烟太多，故致困乏，都檢點過不出來，自治之疏甚矣！記本日事。（道光二十二年十月初七日）

評點

我們終於知道曾氏『怠慢』的具體内容了，那就是不主動去走訪朋友。曾氏在這一年十二月的一封給諸弟的家書中說：『近來聞好友甚多，予不欲先去拜别人，恐徒標榜虚名。蓋求友以匡己之不逮，此大益也；標榜以盗虚名，是大損也。』

明知對方是好友，却不願先去拜訪。曾氏自己認爲這是因爲不想標榜虚名，在别人看來，或許這就是曾氏的清高簡慢。對於未見過面的朋友如此，對於熟悉的朋友，筆者揣測，曾氏大概也是主動去拜訪的少。故而朋友圈中，大家都覺得曾氏待人不够敬。爲了表示去慢主敬，曾氏在這一天裏進城拜訪吴竹如、唐鑒，出城又拜客六七家。那時衹能靠騾馬車代步，北京如此之大，一天拜客八九家，也够他累了。但這樣一來，曾氏又感覺到自己已走進巧言令色一途，心裏增添新的不安。這真是左也爲難，右也爲難。

的確，世上每一個道理、每一件事物都有它的兩面性，都有它的分界綫，過了就走向反面，這就是孔子所説的『過猶不及』。其實，認識這一點並不難，難的在於把握。把握得體，拿捏適度，是最難的了。要説人生智慧，這就是極大的人生智慧。中國哲人早就看出了這一點，故而提出中庸之道：『致廣大而盡精微，極高明而道中庸。』中庸之道的精微，就在於『允執厥中』。

□打破患得患失關

原文

早，誦養氣章，讀《易》，僅三頁，即有俗事來擾，心亦隨之而馳。會客二次。飯後，心不静，不能讀《易》，因爲何子貞題畫梅卷子。果能據德依仁，即使游心於詩字雜藝，亦無在不可静心養氣。無奈我作詩之時，祇是要壓倒他人，要取名譽，此豈復有爲己之志？未正詩成。何丹溪來，久談，語多不誠。午正，會客一次，語失之佞。酉正客散。是日，與人辦公送禮，俗冗瑣雜可厭，心亦逐之紛亂，尤可恥也。燈後，何子貞來，急欲談詩，聞譽，心忡忡，幾不自持，何可鄙一至於是！此豈復得爲載道之器乎？凡喜譽惡毁之心，即鄙夫患得患失之心也。於此關打不破，則一切學問才智，適足以欺世盗名爲已矣。謹記於此，使良友皆知吾病根所在。與子貞久談，躬不百一，而言之不怍，又議人短，頃刻之間，過惡叢生，皆自好譽之念發出。習字一百，草率記本日事。（道光二十二年十月初八日）

評點

在詩文字畫的創作過程中，力圖技驚四座、藝壓群芳，乃絶大部分文藝家所共有的心態。這也是推動文藝家上進的原始動力之一。它在客觀上起到讓文學藝術推陳出新，不斷前進的作用。但此心若是把握不當，比如説非得要與别人争個高下，甚至非得要壓倒别人不可，則有可能偏離文藝的正道。

曾氏本唐鑒研幾之教，發現自己心中有『要壓倒别人』的念頭，便立即予以遏止，並進行深刻反思：壓倒别人，是爲了邀取名譽；而喜譽惡毁，就是患得患失；若不打破患得患失這一關，則一切學問才智，都不過爲欺世盗名而已。曾氏的自我檢查確實尖刻而不留情面，將邀取名譽與欺世盗名聯係起來，有點上綱上綫的味道。祇不過是，這中間有一道患得患失的關口居中連接着，通過這一連接，也就不顯得突兀了。

患得患失，是人類的一個普遍毛病：没有得到時，成天憂慮得不到；一旦得到後，又成天憂慮有可能失去。有這種毛病的人，成年纍月都在憂慮之中，既得不到抵達目標實現理想的快樂，也毫無一點生命的趣味。既然『得』與『失』都需要憂慮，那麽爲解憂，獲『得』可能不計後果，免『失』可能不計手段。如此，欺世盗名豈不應運而生？

□與友有隙反躬自省

原文

大人壽辰。辰正陪客，至申初方散。酒食太菲，平日自奉不儉，至親前反不致隆，何不加察也？客散後，料俗事數件。晡時，走小珊處。小珊前與予有隙，細思皆我之不是。苟我素以忠信待人，何至人不見信？苟我素能禮人以敬，何至人有慢言？且即令人有不是，何至肆口漫罵，忿戾不顧，幾於忘身及親若此！此事余有三大過：平日不信不敬，相恃太深，一也；比時一語不合，忿恨無禮，二也；齟齬之後，人反平易，我反悍然不近人情，三也。惡言不出於口，忿言不反於身，此之不知，遑問其他？謹記於此，以爲切戒。天頭：自反極是！與小珊、竺虔談甚久，總是說話太多。兩日全未看書，且處處不自檢點，雖應酬稍繁，實由自新之志不痛切，故不覺放鬆耳。記本日事。（道光二十二年十月初九日）

評點

別人與自己有隔閡，人的本色思考是把責任推向別人，自己是無辜的。但聖賢的教導卻是要多作自我檢討，要多從自身尋找原因。曾子曰『三省』，孟子曰『自反』，說的都是這層意思。曾氏的修身，其宗旨便是要在自身上切實踐行聖賢的教導。他的好友鄭小珊與自己有了隔閡，他不把過錯推給鄭，而是自我反省：假若我能一貫以忠信對待別人，別人又怎麽會不相信我呢？假若我能一貫以尊敬對待別人，別人又怎麽會以輕慢之言待我呢？即便是別人有不對處，又怎麽能肆口漫罵，憤恨到不顧一切，以至於忘掉自身及親人所受的恩惠（鄭小珊通醫道，常來曾家看病）到如此地步呢？通過這件事，曾氏檢查自己有三大過錯：一是平日對朋友不信任不尊敬，自恃太過；二是當時一語不合，則憤怒不講道理；三是爭執之後，別人平和，自己反倒强悍而不近人情。經過這樣的反思後，曾氏主動去拜訪鄭小珊，彼此的嫌隙消除了。

與人相交，若都有曾氏這種雅量，何嫌不化？何隙不彌？

天頭上所批四字没有署名，看來應是倭仁所爲。

□言物行恒，誠身之道

原文

起晏。作《初度次日書懷》詩一首。飯後，讀《易·家人卦》，心不潛入。言物行恒，誠身之道也，萬化基於此矣。余病根在無恒，故家内瑣事，今日立條例，明日仍散漫，下人無常規可循，將來莅衆，必不能信，作事必不能成，戒之！未正，馮樹堂來，閲予日課，云：『說得已是，須切誠而致行之耳。』申初出門，拜客謝壽。晚歸，作《憶弟》詩一首。數日心沾滯於詩，總由心不静，故不專一，當力求主一之法，誠能主一，養得心静氣恬，到天機活潑之時，即作詩亦自無妨。我今尚未也，徒以浮躁之故，故一日之間，情志屢遷耳！查數，許久乃晰。記本日事。（道光二十二年十月十二日）

評點

曾氏在這篇日記裏談到兩點體悟：一是要言之有物，二是要行之有恒。這兩點説到人性中的兩個通病，即人常常容易説空話説廢話説無用話，人也常常容易不堅持不長久不信守。曾氏將『言物行恒』提到『萬化基於此』的高度，也就是説一切成就都建立在這個基礎上。

曾氏還在日記中説到『主一』。晚年，曾氏提出『天道三忌』的觀念，其中之一爲『天道忌貳』。一與貳相對應，可知『一』含有一心一意、表裏一致、言行一致等内容，貳則意謂三心二意、虛情假意、言行不一等等。由此可知，『一』即『誠』的一種體現。『誠』在心中，則可『主一』。曾氏認爲，一個人能做到『主一』，則可以養得『心靜氣恬』、『天機活潑』。

人們都想心氣恬靜，都想天機活潑，但爲什麽却很難做到呢？細細琢磨，不恬靜是因爲情緒浮躁，不活潑是因爲胸臆堵塞，但爲什麽浮躁、堵塞呢？最大的原因來自於欲望太多。《莊子·天地》上説：『有機事者必有機心，機心存於胸中，則純白不備。純白不備，則神生不定。神生不定者，道之所不載也。』如何減少欲望，最好的辦法就是『主一』。一心一意地做一件事，不去想別的，心思自然單純。單純則集中，集中則有成就。比如曾氏日記中所説的作詩一事。作詩就作詩，不要去想追趕前賢，壓倒時彦的事，也不要想去博取富貴人的歡心，以此來謀取高位獲得重利等等。莊子説『用志不紛，乃凝於神』，其道理就在這裏。

曾氏在本日内寫了兩首詩：一爲昨天的生日而生發的感慨，一爲懷念九弟國荃。借此機會，把這兩首詩抄録如下，供讀者欣賞。

《三十二初度次日書懷》：男兒三十殊非少，今我過之詎足歎！齷齪挈瓶嗟器小，酣歌鼓缶已春闌。眼中雲物知何兆，鏡裏心情衹獨看。飽食甘眠無用處，多慚名字侣鵷鸞。

《憶弟》：無端繞室思茫茫，明月當天萬瓦霜。可惜良宵空兀坐，遥憐諸弟在何方。紛紛書帙誰能展，艷艷燈花有底忙？出户獨吟聊妄想，孤雲斷處是家鄉。

□相疑由於自矜

原文

早起，讀《易·睽卦》。凡睽起於相疑，相疑由於自矜。明察我之於小珊，其如『上九』之於『六三』乎？吴氏謂合睽之道，在於推誠守正，委曲含宏，而無私意猜疑之弊，戒之勉之！此我之要藥也。習字一百。未正，走岱雲處，與渠同請客一席，至三更方散。是日，口過甚多，中有一言戲謔，非特過也，直大惡矣！同人射覆，有求勝心；夜深對客，有慢易之態。客去，與易蓮舫論食色之非性。談理時，心頗和平。（道光二十二年十月十三日）

評點

一早起來，曾氏讀《易經》中的《睽卦》。《睽卦》説的是事物之間相互背離相互矛盾的現象。

曾氏認爲，出現背離與矛盾的原因是彼此懷疑、不信任，而懷疑與不信任又源於自以爲是。聯係到自己與鄭小珊之間的背離，曾氏想起《睽卦》中的上九爻與六三爻。上九爻説的是看見猪身上沾滿了泥，又看見一群鬼坐在車上。六三爻說看見一輛車在向後拉，而牛却在往前拖，拉車的人額頭上刺着字，鼻子被削掉了。之所以看見這些怪事，是因爲見者神志恍惚的緣故。見者爲什麽會恍惚呢？是因爲與人睽違而處於孤獨之中。曾氏感覺到自己眼下的處境與《睽卦》中所說的有些相似，於是檢討自己的自以爲是，服膺吳廷棟所說的與人相交應該真誠正直、寬宏大量，而不要懷着私心去彼此猜疑。

日記中有『同人射覆』字樣。有的讀者可能不知道射覆是什麽？射覆是古代的一種游戲，將一物件用東西覆蓋，然後讓人去猜，猜中者爲射中即勝者。李商隱詩：『隔座送鈎春酒暖，分曹射覆蠟燈紅。』可見唐代官場士林中盛行這種游戲。到了晚清，京師文人集會中的射覆，射的却是詩文或掌故，比曾氏小二十多歲的張之洞爲此中高手。他以白居易詩『老大嫁作商人婦』射《左傳》『伯姬歸於宋』一故事，廣爲傳頌。

□贊人言不由中

原文

起晏。心浮不能讀書，翻《陳卧子年譜》，涉獵悠忽。飯後，讀《易·蹇卦》。因心浮，故静坐，即已昏睡，何不自振刷也！未初，客來，示以時藝，贊嘆語不由中。予此病甚深。孔子之所謂巧令，孟子之所謂餂，其我之謂乎？以爲人情好譽，非是不足以悦其心，試思此求悦於人之念，君子乎？女子小人乎？且我誠能言必忠信，不欺人，不妄語，積久人自知之。不贊，人亦不怪。天頭：不管人怪否，要忠信。艮峰。苟有試而譽人，人且引以爲重。天頭：重否？若日日譽人，人必不重我言矣！欺人自欺，滅忠信，喪廉耻，皆在於此，切戒切戒！接次客來，申正方散。寫聯二付。燈後，仍讀《易》，心較静。作《憶弟》詩一首。謄本月詩。記昨日、今日事。（道光二十二年十月十四日）

評點

有客人來，向曾氏出示自己寫的時藝。時藝即科場中的八股文，曾氏稱贊他寫得好。但在當天的日記中，曾氏却對自己的『贊嘆』大加批判，且將它上升爲『不忠信』的高度。倭仁贊賞曾氏的自我批判：不要管别人的看法，衹問自己忠信與否。

示人以詩文著作這種事，在文人圈中司空見慣，今日更盛。今日的風氣，示者多想以此博得别人的稱贊，真心想要别人『批評指正』的人很少，想必古人也一樣。所以，看到别人的詩文後稱贊幾句，原也是人之常情，似乎並不需要如此苛責自己。筆者就常常收到别人送來的詩文著述，也常常這樣稱贊幾句，心裏也不覺得多麽過意不去。但是，若往深裏想一想，看到别人的東西後，真的發現有什麽差錯，或是有什麽對别人有幫助的想法，直截了當地說出來，要比空泛的稱贊强得多；衹要態度誠懇，作者也决不會見怪的。衹是，說空泛話容易，說中肯話難。撇開道德層面不談，僅從操作層面來看，表揚也比批評要簡單容易，難怪世間表揚的多，批評的少。

今天，曾氏又寫了一首懷念九弟的詩。筆者也將它抄下，供讀者欣賞：忽憶他時裏水上，惡風半夜撼春雷。舟人捩舵聲同泣，客子扶床面已灰。仰荷皇天全薄命，信知浮世等輕埃。汝今歸去復何似，回首世途誠險哉。

□爲人好名可恥

原文

早起，作《憶九弟》五律二首。飯後，讀《夬卦》、《姤卦》。讀書時，心外馳，總是不敬之咎，一早清明之氣，乃以之汩溺於詩句之小技，至日間仍爾昏昧。文辭溺心最害事。朱子云，平淡自攝，豈不較勝思量詩句耶！艮峰。巳正會客一次。申初進城看房子，便拜客三家，燈時始歸。車上有游思。歸，乏甚。夜讀《夬》、《姤》二卦，頗入。記《茶餘偶談》一則。日內不敬不靜，常致勞乏，以後須從『心正氣順』四字上體驗。謹記謹記！又每日游思，多半是要人説好。爲人好名，可恥！而好名之意，又自謂比他人高一層，此名心之癥結於隱微者深也。何時能拔此根株？天頭：此心斷不可有。（道光二十二年十月二十日）

評點

在理學家看來，讀聖賢書，窮理盡性，方爲正務，而吟詩作賦乃末技。倭仁是個徹頭徹尾的理學家，所以他要正告曾氏『文辭溺心最害事』，但曾氏從骨髓深處裏愛好詩詞文章。以今天的語境來説，他的本色是個作家，是個文人。我們且來讀讀他給家人寫的幾段話：『余於詩亦有功夫，恨當世無韓昌黎及蘇黄一輩人可與吾發狂言者。』『惟古文與詩二者用力頗深，探索頗苦，而未能介然用之，獨辟康莊，古文尤確有依據，若遽先朝露，則寸心所得遂成廣陵之散。』『余所好者，尤在陶之五古、杜之五律、陸之七絶，以爲人生具此高淡胸襟，雖南面王不以易其樂也。』這些話足以看出曾氏的心之所向，志之所在。於此我們便不難理解，何以曾氏被稱爲理學名家，而他却没有一篇專門研究理學的學術論文，更無論專著的緣故了。王闓運在挽曾氏聯中説了直話：『經學在紀河間阮儀徵之上，致身何太早，龍蛇遺憾禮堂書。』但王爲他開脱，説曾氏是因爲死得太早了，來不及寫。其實，真正的原因不在這裏。要説年壽，曾氏活過花甲，也不算太短；要説他長年忙於軍務，那他爲什麽可以在軍營中編《經史百家雜鈔》、《十八家詩鈔》，寫作如許多的文章呢？

在筆者看來，曾氏沉溺文辭是好事，不然，文學史上便没有湘鄉文派了。但在當時修身養性的曾氏看來，一再督促自己要專心專意以《朱子全書》爲功課，而又心有旁騖，這是不敬、不主一的體現，故而要不得，必須嚴加糾正。

日記中兩次説到『游思』。游思，應是指脱離主旨的一些游移的思想活動。曾氏檢討自己游思中的主要内容，是想如何博取别人對他説好話，是想求得一個好名聲。一個人，若想求得權力，求得財産，求得地位，常常會被人認爲是貪婪；若是想求得好名聲，受到的指責是少些，説不定還會常常受到鼓勵。其實，名與權、位、財是一樣的東西，本質上並没有大的區别，貪權貪錢不好，貪名同樣不好。再説，做事時老想得名，這本身就是不誠了，不主一了，事情也就會做不好，更難做到出神入化、精妙絶倫的地步。

這一天，曾氏作了兩首憶九弟的五律詩。爲什麽四個弟弟，獨憶九弟呢？原來九弟國荃，道光二十年隨父親、大嫂、侄兒來到北京後，便一直住在大哥家。三個月前，離京回湘，大哥親送至盧溝橋，此刻或許還在歸途中，故專門寫詩來憶念他。這兩首詩，其一爲：别汝經三月，音書何太難！夜長魂夢苦，人少屋廬寒。骨肉成漂泊，雲霄悔羽翰。朝朝烏鵲噪，物性固欺謾。其二爲：尚餘詞賦好，隨衆頌康哉。報國羌無力，攀天別有才。寒雲迷雁影，遠道望龍媒。百尺金臺矗，看君躞蹀來。

對於四個弟弟，曾氏都有很深的骨肉情懷，但對這個九弟，其情似更深些，期望也似更大些，一句『攀天別有才』，足已表達大哥的此情此意。曾氏此時還是希望九弟能通過科第之路來到北京，他當然不可能料到日後老九的飛黃騰達，却是靠的另一條道路。

□再次戒烟

原文

晨醒，貪睡晏起，一無所爲，可耻。飯後，讀《易》僅兩頁。竺虔來，久談。接九弟信，喜已到省，而一路千辛萬苦，讀之深爲駭悸。又接郭雲仙信並詩。兩信各一二千字，讀之又讀，兄弟友朋之情，一時湊集。未正出門，爲辦公禮事，拜客三家，歸。飯後，岱雲來，談至三更。説話太多，神倦，心頗有驕氣。斗筲之量，真可醜也。岱雲每日工夫甚多而嚴，可謂惜分陰者，予則玩世不振。客去後，念每日昏錮，由於多吃烟，因立毀折烟袋，誓永不再吃烟。如再食言，明神殛之！（道光二十二年十月二十一日）

評點

我們還記得曾氏九月初一的决心：『從今永禁吃烟，將水烟袋捶碎。』但十月初七日記又有『吃烟太多』的字樣。可見曾氏的决絶態度並没有起到實際作用，真還不知道他戒了幾天便又死灰復燃了！這次又『立毀折烟袋，誓永不再吃烟』，并且下毒誓，如果再翻戒，則讓神明來嚴格處置。决心更大！

一個人若對某東西上了癮，要戒掉它就很難。明知它不好，明知它對自己影響很大，甚至對健康對生命都有影響，但就是戒不掉。爲了一時的快樂，可以不顧一生的禍患，正所謂飲鴆止渴。這或許也是人類的弱點之一。曾氏是一個有大志的人，也是一個有意志力的人，要戒烟尚且如此艱難，可見普通人更不容易了。

□父親的教導

原文

早起，讀《萃卦》，心頗入，總有浮氣。飯後，讀《升卦》，未畢。走晏同甫處拜壽，便拜黎樾喬前輩。渠今日請客，因被留住談詩。又是説話太多，舉止亦絶無瑟僩之意。燈後歸。接家信，大人教以保身三要：曰節欲、節勞、節飲食。又言凡人交友，祇見得友不是而我是，所以今日管鮑，明日秦越，謂我與小珊有隙，是盡人歡、竭人忠之過，宜速改過。走小珊處，當面自認不是。又云使氣亦非保身體之道。小子讀之悚然。小子一喜一怒，勞逸疴癢，無刻不縈於大人之懷也。若不敬身，其禽獸矣。仍讀《易》數刻。記昨日、今日事。翻閱杜詩，涉獵無所得。（道光二十二年十月二十二日）

評點

這一天，曾氏接到父親的家信。父親在信中對這個已爲家族爭得很大臉面的長子，提出三個方面的要求。一是要懂得節制。二是不要自以爲是，與朋友不和時要主動承認不是。三是發脾氣對身體有影響。曾氏將父親的這些話寫在日記上，意在要牢記這些教導，並切實去執行。我們看到在十一月十二日的日記中，有『走小珊、竺虔處閑談』的記載，可知曾氏與小珊已和好如初了。

曾氏在日記中說人子的一舉一動、喜怒哀樂都爲父母所關懷，故而一個人若不愛惜自身，則與禽獸無异。這裏說的是中國倫理中的一個重要內容：愛惜自身，不但是對自己負責，也是對父母負責，其本身就是孝道的體現。《禮記》中講孝子『道而不徑，舟而不游』。走大道而不走小路，坐船而不是泅渡過河，大大減少單身在外的生命風險，這就是孝順父母的好孩子。兒女與父母血肉相連、休戚一體，可惜這一點，許多未爲人之父母的年輕人難有切身的體會。

日記中的『瑟僩』二字，現在已不大多用。此二字出自《詩經》中的《淇澳》篇『瑟兮僩兮，赫兮咺兮』，意謂莊重嚴肅。

□以日記修身可獲好評

原文

早起。因昨詩未成，沾滯一辰。飯後，辦公禮送穆世兄吉席。退文昌館壽筵，摒擋一時。又作詩二首。未正走金竺虔處，不直，歸。昨日今日，俱無事出門，如此大風，不能安坐，何浮躁至是！靜坐工夫，須是習熟，不勉强苦習，更說甚？作書覆筠仙，並詩，計千五六百字，更初乃畢。抄艮峰先生日課，將寄舍弟，共三頁。記昨日、今日事。日來自治愈疏矣，絕無瑟僩之意，何貴有此日課之冊！看來祇是好名，好作詩，名心也。天頭：既知名心爲累，當如大敵克之。艮峰。寫此冊而不日日改過，則此冊直盜名之具也。亦既不克痛湔舊習，則何必寫此冊？（道光二十二年十月二十五日）

評點

曾氏說，他寫日記，其目的是藉以每天改過自新。可惜，他沒有很好地做到，依然是心緒浮躁，舉止不莊重。於是，他問自己，若不是意在改過，天天寫日記做什麼，豈不是爲了『好名』、『盜名』？我們讀到這裏有點費解：日記與名聲怎麼可以聯係在一起？今天，人們記日記純是個人的行爲，記與不記，如何記，都不可能給本人帶來什麼名聲上的利與弊。筆者想起五十年前，《雷鋒日記》風行海內，許多人仿傚雷鋒，寫與他類似的日記，且公開發表，或在某一個團體內傳閱，從而博得『活雷鋒』的美譽。於此聯想到，在曾氏時代，至少在京師官場士林中，一個人若嚴格按聖賢教導修身，並以日記這種方式來慎獨，則有可能獲得主流社會的好評。這篇日記透露了這個消息。

□最是静字功夫要緊

原文

晏起。意欲節勞，而游思仍多，心動則神疲，静則神裕，不得徒以曠功坐廢爲敬身，所謂認賊作子也。飯後，臨帖二百字。已正出門會竺虔、道喜兩處，城内拜艮峰前輩，謁唐先生，拜竹如、竇蘭泉，燈初方歸。艮峰前輩言：無間最難，聖人之純亦不已，顔子之『三月不違』，此不易學，即『日月之至』，亦非諸賢不能，『至』字煞宜體會。我輩但宜繼繼續續求其時習而説。唐先生言，最是『静』字功夫要緊，大程夫子是三代後聖人，亦是『静』字功夫足。王文成亦是『静』字有功夫，所以他能不動心。若不静，省身也不密，見理也不明，都是浮的。總是要静。又曰：凡人皆有切身之病，剛惡柔惡，各有所偏，溺焉既深，動輒發見，須自己體察所溺之病，終身在此處克治。天頭：心静則體察精，克治亦省力。若一向東馳西騖，有溺焉而不知，知而無如何者矣！艮峰。余比告先生，謂素有忿很不顧氣習，偏於剛惡，既而自究所病祇是好動不好静。先生兩言蓋對症下藥也。務當力求主静，如使神明如日之升，即此以求其繼繼續續者，即所謂緝熙也。知此而不行，真暴棄矣！真小人矣！夜，何子敬來，久談，語多不誠，總是巧言，二更去。戲作《傲奴》詩。子敬講字甚有益。（道光二十二年十月二十七日）

評點

這一天，曾氏進城拜會四位師友。其中吳廷棟（竹如）、竇垿（蘭泉），曾氏以友視之；唐鑒，則以師視之；至於倭仁（艮峰），曾氏則以亦師亦友視之，故而日記中着重記下倭、唐的談話。

倭仁説的是『無間』，即不間斷，持之以恒。『三月不違』、『日月之至』出於《論語·雍也》。原文爲：子曰：『回也，其心三月不違仁，其餘則日月至焉而已矣。』孔子在談到他的弟子們對待『仁』的態度時説：顔回的心中長久地不離開仁德，而别的人則祇是偶爾想起一下罷了。倭仁認爲對待仁德不間斷是一件難事，像顔回那樣不容易學，即便是偶然想起，若不是七十二賢那些人，别人也做不到。曾氏鄭重記下這番話，應當是提醒自己時時要想到仁德。

唐鑒説到兩個話題。

一個是静。唐就『静』展開：程顥被認爲是三代後的聖人，他也就是静字功夫做得很足够。王陽明也是在静字上有功夫，所以他能做到心不爲外物所動。若是不静，則不會細密地反省自身，也不會明晰地悟得道理，一切都是浮躁的。總之一個字，就是要『静』。

另一個話題是要看到自己的毛病所在，對症下藥。這種毛病，可能屬於剛惡，即明顯地劇烈地傷害别人或自身；也可能屬於柔惡，即隱晦地慢慢地傷害别人或自身。於是曾氏告訴唐，自己平時有容易憤怒、發起脾氣來不顧一切的毛病，偏向於剛惡；而細究自身的習性，則是好動而不好静。

曾氏認爲，唐鑒所説的這兩個話題恰恰是對他的症狀所下的藥，今後一定要以静主心，使精神如同旭日初升，朝氣蓬勃，飽含生機。

這是曾氏一篇重要的修身日記，它的重點在一個『靜』字上。『靜』表現在哪些方面？心思純潔、心緒安寧、心境澄明等等，這些都是靜的表現。但一個人年輕時血氣方剛、精力充沛，很難做到靜；一個江湖中人，欲望太多、防患太多，也難做到靜；一個聰明的人，思慮重重、疑惑重重，同樣也難以做到靜。既要生存又求發達，如何做到靜？筆者想，舍『主一』可能無他法。

曾氏一生，不斷地提醒自己忌貳忌巧。其目的應是在時時修正前進道路上經常出現的偏離，確保朝着一心一意、决不旁騖的既定大目標穩步走去。

□戒烟後的痛苦

原文

早起，心不靜。走邵蕙西處談，有驕氣。歸，蕙西來，久不見，甚覺親切，然彼此都不近裏。讀《鼎卦》，不入。會客三次，總是多言，且氣浮囂。晚飯後，會二客，心簡慢而格外親切，言不誠。燈後客去。余亦出門，走岱雲處。不能靜坐，袛好出門。天頭：心不耐閑，是病。自戒烟以來，心神彷徨，幾若無主，遏欲之難，類如此矣！不挾破釜沉舟之勢，詎有濟哉？旁注：誠然。同岱雲走晤何家兄弟，詞氣驕浮，多不檢。歸，已夜深。記本日事。（道光二十二年十月二十九日）

評點

八天前，曾氏搗毁烟袋再次戒烟。這八天來的情形如何呢？本日的日記有生動的記載：『心神彷徨，幾若無主。』心神恍恍惚惚，好像没有了主心骨一樣。他因此感嘆：遏止一種嗜欲的難度，就像這樣啊！如果不以破釜沉舟之勢來對待，怎麽可能有成效呢？

日記中有兩處記録頗有意思。

一是與邵蕙西一日兩見面。早上曾氏去拜訪邵。到家後，邵又來曾宅回訪。邵懿辰字位西（蕙西即位西），浙江杭州人，是晚清著名經學家、目録學家，比曾氏大一歲，同爲翰林院官員。曾邵二人關係密切。曾氏這段時期的家書中常常提到此人。這年九月十八日，他在給諸弟信中説：『蕙西嘗言與周公瑾交如飲醇醪，我兩人頗有此風味，故每見輒長談不舍。』這一天的兩次見面，的確是『長談不舍』，但『彼此都不近裏』：親切長談，却没有深談。曾氏説過『吴子序、邵蕙西之談經，深思明辨』。可能這一天，兩人没有就經學深思明辨。

一是與另外兩位客人見面，心裏不喜歡，表面上反而做得格外親切。這種情形，社會上其實常有。曾氏檢討自己，説這樣做是不誠。心裏一套，表面一套，的確是不誠。但筆者有些疑惑。類似『二客』一樣的人，許多人都會遇到，心裏不喜歡，難道就一定要對他們冷淡嗎？『格外親切』，實際上也是對心裏『簡慢』的一種平衡。與人打交道，尊重對方，應該是一條基本的原則。筆者認爲如此待『二客』，並非有多大的不妥之處，曾氏的反省過嚴了。曾氏在修身時，常常會犯諸如此類矯枉過正的毛病。

□徇外爲人無益

原文

早起。讀《艮卦》，午正畢，心頗入。會客一次，甚久。旋竇蘭泉來，言理見商，余實未能心領其語意，而妄有所陳，自欺欺人，莫此爲甚。總由心有不誠，故詞氣虛憍，即與人談理，亦是自文淺陋，徇外爲人，果何益哉？可恨，可羞！申初，記《饋貧糧》半時。燈後，馮樹堂來。渠近日養得好，靜氣迎人。談半時，邀余同至岱雲處久談，論詩文之業亦可因以進德。天頭：固是。然一味耽著詩文，恐於進德無益也。艮峰。彼此持論不合，反復辯詰。余內有矜氣，自是特甚，反疑人不虛心，何明於責人而暗於責己也？歸，已三更，點古文一卷，心不入，神疲故也。申正記昨日事。（道光二十二年十一月初五日）

評點

曾氏說自己好『徇外爲人』，他對自己的這個毛病非常生氣。他在這年十二月二十日給諸弟信中所開的『課程』裏也提到此一毛病：『讀書不二。一書未點完斷不看他書。東翻西閱，都是徇外爲人。』綜合這兩處來看，所謂徇外爲人，大致有這樣一些表徵：好表現、自欺欺人、虛驕、趨時等等。細細揣摸，這種毛病的要害，在於爲討好外物而不知不覺地喪失了自我。這種毛病在熱衷於社會交往的人身上，最容易發生。爲了迎合群體，爲了不被群體冷落排斥，衹能不斷地趨時跟風，不斷地

放棄自我，慢慢地就變成了一個圓滑的平庸的世俗人。這種人活得也許瀟灑自在，但既無長技，也無真才實學，實際上一點價值都沒有。

『徇外』的對立面是特立獨行。但過於特立獨行，又往往難爲群體所接納，其結果多半是不但抱負才學不得施展，甚至連生存都難堪。如何做到既不徇外，又不太獨特，這就是中庸之學所追求的目標：致廣大而盡精微，極高明而道中庸。

□修身三件事：謹言、修容、靜坐

原文

早起，讀《易·漸卦》。飯後，讀《歸妹卦》。尚未看王弼本。邵蕙西來，久談。旋賀麓樵來，與之談藝，有巧言。此刻下手工夫，除謹言、修容、靜坐三事，更從何處下手？每日全無切實處，尚嘵嘵與人說理，說他何益？吴子序約吃飯，未正去，席間諧語無節。散後，走何子貞家，觀人圍棋，躍躍然心與之馳。歸，乏甚。日來心愈浮，則言愈繁，而神愈倦。記昨日、今日事。（道光二十二年十一月初六日）

評點

曾氏修身的主要內容在這篇日記中有所透露，那就是他所說的三件事：謹言、修容、靜坐。

謹言即言語謹慎：不說大話空話假話，不說巧言，不傳道聽途說之語等等。修容，即舉止莊重，

體現的是敬字功夫。關於靜坐，曾氏在給諸弟的家信中曾有較詳細的說明：『每日不拘何時，靜坐一會，體驗靜極生陽來復之仁心。正位凝命，如鼎之鎮。』這幾句話包括如下內容：一是每天都要靜坐一會兒，不拘時間，早早晚晚都可以。一是要安靜到極點，衹有到了極點，纔能體會到人性中最本源的仁愛之心。一是坐姿要端正穩重，如同青銅鼎似的，如此方能心思歸於正位，精神處於凝聚。

以此檢查一天的言行，曾氏認爲本日說話既多又有不誠之處，心思也容易浮動，因而導致精神疲倦。

□以馮樹堂爲鏡

原文

早起。仍讀《漸》、《歸妹》。飯後，客來。又買衣者耽閣一時許。讀《豐卦》，意欲急讀完《易經》，遂草草讀過，全無所得，不知此心忙着甚麼，可啞然一笑也。申初，讀畢。燈時，樹堂來談。樹堂昨日送日課册見示，余本日午刻細讀一遍，妄加批語，樹堂乃深采録，虛心固勝我十倍。又索觀余此册，亦不甚規彈，何樹堂但知責己，而我偏工責人也？對之愧煞！談及家庭，樹堂思及失恃，語次潸然。而予喜懼之思，不甚真切，尚得爲人耶？二更客去，點古文二卷。（道光二十二年十一月初七日）

評點

這篇日記記録的重點在與馮樹堂的交往。

馮樹堂名卓懷，湖南長沙人，比曾氏小兩歲。道光十九年，以解元身份中舉人，但會試却不順利，因此他長年衹能在京師做『北漂』，以家教糊口。馮也曾做過曾氏長子紀澤的老師。馮爲人耿介，後來做過曾氏幕僚，因不滿曾氏的批評拂袖而去。

曾氏與馮交情頗深。在馮三十初度時，針對馮於功名艱難的苦惱，曾爲他寫過《反長歌行》：『馮夫子，我歌君莫鄙。柏梁銅爵安在哉，盜跖唐堯俱朽矣……馮夫子，我歌君且起。君今三十胡皇皇，浮名驅君不自止。』明年，曾氏出任四川鄉試主考，在出差途中還寫詩懷念馮與陳岱雲：『復嶂七盤相約束，清流九曲與周遭。日高旌旆鳥蛇亂，秋老爪牙鷹隼豪。北望幽燕天漠漠，東歸歲月水滔滔。江山如此知交隔，獨對菱花數二毛。』曾氏朋友很多，在離群孤處的日子裏，獨賦詩與馮、陳，可見二人在他心中的分量。

日記中談到馮的兩樁事。一件事：曾氏讀馮的日記，妄加批語，馮虛心接受。而馮讀曾氏的日記，却評論不多。另一件事：曾氏與馮聊及家庭，談到去世的母親，馮神情潸然。曾氏拿馮來與自己對照，看到自身的毛病：自以爲是、親情不够真切。古人說以人爲鏡，可以知得失。曾氏正是以好友馮樹堂爲鏡子，照出自己的所失之處。

□一日四省

原文

醒早，沾戀，明知大惡，而姑蹈之，平旦之氣安在？真禽獸矣！要此日課册何用？無日課豈能墮壞更甚乎？尚靦顔與正人君子講學，非掩著而何？辰正起，讀《旅卦》。飯後，讀《巽卦》，一無所得。白文都不能背誦，不知心忙甚麽。丹黄幾十葉書，如勉强當差相似，是何爲者？平生祇爲不靜，斷送了幾十年光陰。立志自新以來，又已月餘，尚浮躁如此耶！

新買繆刻《太白集》，翻閲高吟數十章，甚暢，即此可見重外輕内矣。

未正，出門拜壽，拜客三家，晡時歸。飯後，岱雲來。余寫聯幅七紙，岱雲欲觀予《饋貧糧》本，予以雕蟲瑣瑣深閉固拒，不欲與之觀。一時掩著之情，自文固陋之情，巧言令色，種種叢集，皆從好名心發出，蓋此中根株深矣。初更客去。復黄曉潭信，僞作親厚語，意欲餌他饋問也。喻利之心鄙極醜極！即刻猛省痛懲，换寫一封，作疏闊語。天頭：遷改勇甚，可敬！

記昨日、今日事。昨日心境已記不清切，自治之疏極矣。三更，點古文一卷半。（道光二十二年十一月初八日）

評點

這是一篇有趣的日記——

一是因爲戀床晚起而駡自己爲禽獸。二是讀《易經》讀不進，讀李白的詩則意氣舒暢。三是陳岱雲想看他本日隨手記録的小册子《饋貧糧》，他藏着掖着，堅决不拿出來。四是給朋友寫信，爲求得饋贈而故作親熱，想想這個心思極爲醜鄙，又改寫一封情感平淡的信。

這四件事，讓我們看到一個本色的曾氏，也看到一個强力塑造新我的曾氏。

曾氏有一副名聯：『不爲聖賢，便爲禽獸；莫問收穫，但問耕耘。』在今人看來，這副聯語，絶對是絶對化了。千千萬萬普通人都不是聖賢，難道就都是禽獸？若完全没有收穫的希望，耕耘又是爲了什麽？顯然這是説不通的。我們祇能這樣理解：曾氏這裏所説的祇是一種别無選擇、一根筋到底的斬釘截鐵般的態度。與自身的毛病作鬥争，的確需要這種破釜沉舟的决心、這種過河卒子的志向，若瞻徇猶豫，則很難有所成績。從這個角度來看，曾氏駡自己爲禽獸就可以理解了。

曾氏説過：『李杜韓蘇之詩，韓歐曾王之文，非高聲朗誦則不能得其雄偉之概，非密咏恬吟則不能探其深遠之韵。』所以讀李白的詩，他要高聲吟誦，以便得其雄偉之概、探其深遠之韵，於是乎在這個過程中他的意氣得以舒暢，胸襟得以開拓，心情很快樂。這個細節再次讓我們感受到詩人曾氏的激情，以及學者曾氏的欠缺。

最有趣的是給黄曉潭復信事。曾氏最初的做法實乃世之常見，但處於修身狀態中的曾氏却不願循世情。這讓我們看到曾氏忸怩作態的一面。難能可貴的是，曾氏有這種敢於公開亮醜的勇氣。天頭上的六字批語應該也是倭仁所爲。今日塵世，固然絶無如此作日記的曾國藩，大概也找不出第二個如此作批語的倭仁。是古風樸誠，還是今世率真，確乎難以評判！

□在應酬游戲中過了一天

原文

早起，讀《兑卦》。馮樹堂來，邀同至岱雲家拜年伯母壽，吃麵。席間一語，使人不能答，知其不能無怨。言之不慎，尤悔叢集，可不戒哉！散後，宜速歸，乃與竺虔同走何家。與人圍棋一局，又看人一局，不覺耽擱一時。急抽身回家，仍讀《兑卦》。

申刻，走岱雲家晚飯，席前後氣浮言多。與海秋談詩文，多夸誕語，更初散。又與海秋同至何家，觀子貞、海秋圍棋，歸已亥正。

凡往日游戲隨和之處，不能遽立崖岸，惟當往還漸稀，相見必敬，漸改徵逐之習；平日辨論夸誕之人，不能遽變聾啞，惟當談論漸低卑，開口必誠，力去狂妄之習。此二習痼弊於吾心已深。天頭：要緊要緊！前日云，除謹言靜坐，無下手處，今忘之耶？以後戒多言如戒吃烟。如再妄語，明神殛之！並求不棄我者，時時以此相責。（道光二十二年十一月初九日）

評點

曾氏在應酬與游戲中度過這一天。

一早起，便應馮樹堂之邀到陳源兗家，向陳之老母祝壽，並在陳家吃壽麵。從陳家出來，曾氏又與金竺虔一道到何紹基家。在何家與人下了一局圍棋，又觀看别人下了一局，然後回家。下午四點來鐘又去陳家吃晚飯。七點來鐘散席後，又同湯海秋一道再到何紹基家，看何與湯下圍棋，回到家時已深夜十二點了。

日記中所點到的這些人都是湖南人，可視爲旅居京師的湘籍老鄉們一次小聚會。這樣的聚會，對於今天來説，大概是必不可少且司空見慣的活動，想必當時也常有，但曾氏對此仍有檢討。一是檢討自己參與的時間多了一些，決定今後『當往還漸稀』。一是檢討自己在活動中『氣浮言多』，即情緒不安寧、話語太多而且狂妄，決心像戒烟一樣地戒掉多言的毛病。

十多年後，身爲軍事統帥的曾氏，曾尖鋭地批評知識分子：『近來書生侈口談兵，動輒克城若干、拓地若干，此大言也；又好攻人之短，輕詆古賢，苛責時彦，此大言也。好談兵事者，其閲歷必淺；好攻人之短者，其自修必疏。』曾氏推己及人，把文人的這個弊病揭露得深透而生動。自古以來，文人都好説大話。這些大話，歸結起來不出夸大自己、指責别人兩個方面的内容。這個毛病生發在文人圈子中時，無非引起些不團結、彼此攻擊等後果，不會給社會帶來多大的危害，但若一旦生發在官場、軍隊之中，則對社會將會産生嚴重的惡果。所以曾氏提出『有操守而無官氣，多條理而少大言』的用人原則，自己平時也儘量做到節制言語。曾氏在日後大事業中的這種所思所爲，其基礎應奠定在京師時期的修身。

□可愛的文學青年，可醜的名心大動

原文

晏起。讀《渙卦》。樹堂來，渠本日三十初度。飯後，讀《節卦》。倚壁寐半時。申刻，記《饋貧糧》。旋出門拜客五家，在樹堂處看渠日課，多采刍言，躬行無一，真愧煞矣！

今早，名心大動，忽思構一巨篇以震炫舉世之耳目，盗賊心術，可醜！燈初歸，記昨日、今日事，點古文二卷半。今早，樹堂教我戒下棋，謹當即從。（道光二十二年十一月初十日）

評點

今天一早，曾氏忽然冒出一個想法：要寫一鴻篇巨製來轟動世界。曾氏真是一個可愛的熱血沸騰的文學青年！這樣的突發奇想，對酷愛文學創作的青年來説，幾乎人人都會有過，差别衹在於『震炫』即轟動的程度罷了：野心大的企望轟動全國，野心小的衹不過想轟動身邊左右而已。但曾氏將它上綱上綫，視此奇想爲『盗賊心術』，並駡自己『可醜』。

平心而論，若吟詩作文僅僅衹是爲了出名，那就難得有戀戀不舍的激情與持久不衰的動力。因爲『戀戀不舍』與『持久不衰』，衹能源於與生命相連的衝動，『名』畢竟是身外之物，可有可無。長時期的不出名，激情自然消退，動力自然削弱。故而真正的詩人作家，文學創作一定是他出於内心的真誠愛好，決不是完全爲了出名。從這個角度出發，批判『名心大動』是有道理的。但畢竟詩文是自己寫的，與盗竊行爲還是不同的。所以，將此心比作『盗賊心術』，以筆者看來是有點過了。

□焚香静坐

原文

又晏起，真下流矣！

樹堂來，與言養心養體之法。渠言舍静坐更無下手處，能静坐而天下之能事畢矣。因教我焚香静坐之法，所言皆閱歷語，静中真味，煞能領取。言心與氣總拆不開，心微浮則氣浮矣，氣散則心亦散矣。此即孟子所謂『志壹則動氣，氣壹則動志』也。與樹堂同走岱雲處早飯，席間一語欺樹堂。午初歸。因昨日《李集》、《樂府題解》已抄一半，索性接抄。燈後，始抄完，共八葉。焚香静坐一時，心仍馳放，勉强支持，猶頹然欲睡，何也？記昨日、今日事。作《題塞外課經圖》詩一首，凡筆墨應酬，須即日打發，既不失信於人，此心亦大清浄。（道光二十二年十一月十三日）

評點

因爲起床晚了，就痛駡自己『下流』，讓我們再一次感受到曾氏『不爲聖賢，即爲禽獸』的斬釘截鐵的決心，但如果我們聯想到曾氏是一個出身於『五六百載曾無人與於科目秀才之列』的農家子弟，其心中的偶像祖父從懂事理之後便『終身未明而起』，便可知曾氏駡一句『下流』也並非就難以理解。晚睡晚起、日中酣眠，原本就是鄉間所不能容忍的惡行惡習！

這篇日記中談到焚香静坐，即静坐時，點燃一根香。静坐時爲什麽要焚香？是借香的上升烟氣，將心靈與上蒼連接在一起？還是借燃香來營造一種静謐的氛圍，以便讓心能收斂安寧？可能兩者都有。可惜，曾氏的打坐功夫未到家，焚香静坐之後，仍不能將心收回來，勉力去做，居然又昏昏欲睡了。我們於此可知静坐之難，也於此知道曾氏的的確確是一個凡夫俗子。

本日曾氏爲應酬作了一首詩，全名爲《題周小村前輩塞外課經圖》。周爲翰林院同寅。這種詩純屬文人之間的筆墨往來，因爲缺乏本身的衝動，故而難寫，也往往少佳作。這首五言詩長達四十二行，筆者認爲在曾氏的詩詞中衹能稱爲平平，故不抄録。

□感悟至静之境

原文

起亦不早。焚香静坐半時。飯後，謄詩送去，數月方報，不恕之至。王翰城來，談半時去。剃髮。仍静坐，不得力，枕肘睡去，醒來心甚清。點古文一卷。飯後，張楠皆、李筆峰來久坐，燈後去。點古文一卷，静坐小半時，頽然欲睡，可恨之至。

細思神明則如日之升，身静則如鼎之鎮，此二語可守者也。惟心到静極時，所謂未發之中，寂然不動之體，畢竟未體驗出真境來。意者祇是閉藏之極，逗出一點生意來，如冬至一陽初動時乎？貞之固也，乃所以爲元也；蟄之壞也，乃所以爲啓也；穀之堅實也，乃所以爲始播之種子也。然則不可以爲種子者，不可謂之堅實之穀也。此中無滿腔生意，若萬物皆資始於我心者，不可謂之至静之境也。然則静極生陽，蓋一點生物之仁心也。息息静極，仁心不息，其參天兩地之至誠乎？

顔子三月不違，亦可謂洗心退藏，極静中之真樂者矣。我輩求静，欲异乎禪氏入定冥然罔覺之旨，其必驗之此心，有所謂一陽初動，萬物資始者，庶可謂之静極，可謂之未發之中，寂然不動之體也。不然，深閉固拒，心如死灰，自以爲静，而生理或幾乎息矣，况乎其並不能静也。有或擾之，不且憧憧往來乎？深觀道體，蓋陰先於陽，信矣。然非實由體驗得來，終掠影之談也。始記於此，以俟异日。

記本日事。早寢。此所謂復其見天地之心也。次早又記。（道光二十二年十一月十四日）

評點

這篇日記，其實是一篇感悟至静之境的論文。

曾氏認爲，静到極點時應該是這樣的境界：滿腔生意從極度的閉藏中發舒出來，就好像堅硬的穀殼裏，新的生命正在醖釀中。穀殼越堅硬，即閉藏越緊密，也即静得越深沉，生命之真意也就越堅實，越蓬勃。

曾氏將這種至静之境，與禪家入定之後的『冥然罔覺』作了區分。這兩者之間關鍵的差异在於有無生意，以及生意之强烈如何。曾氏認爲，静時應當是『一陽初動萬物資始』，正如同萬物勃發的無限春光，祇能在冰雪封凍的三九嚴寒之後一樣。

遺憾的是，這種感悟並非曾氏本人從體驗中得來。那麽它是怎樣得來的？來自想象，抑來自書本，或是來自朋友們的描述？所以，曾氏説，這些『終掠影之談也』。無論如何，這段文字能給我們一些啓迪。

□至虛即至誠

原文

早起，至會館敬神，便拜客五家，已正歸。

在車中看《中孚卦》，思人必中虛，不着一物而後能真實无妄，蓋實者不欺之謂也。人之所以欺人者，必心中別着一物，心中別有私見，不敢告人，而後造僞言以欺人。若心中不着私物，又何必欺人哉？其所以自欺者，亦以心中別着私物也。所知在好德，而所私在好色，不能去好色之私，則不能不欺其好德之知矣。是故誠者，不欺者也。不欺者，心無私着也。無私着者，至虛者也。是故天下之至虛，天下之至誠者也。當讀書則讀書，心無着於見客也；當見客則見客，心無着於讀書也。一有着則私也。靈明無着，物來順應，未來不迎，當時不雜，既過不戀，是之謂虛而已矣，是之謂誠而已矣。以此讀《无妄》、《咸》、《中孚》三卦，蓋扞格者鮮矣。

是日，女兒周歲，吃麵，不覺已醉。出門拜客二家，皆說話太多。申正歸。飯後，岱雲來久談，因同出步月，至田敬堂寓，有一言諧謔，太不檢。歸，作《瑣瑣行》詩，子初方成。（道光二十二年十一月十五日）

評點

因《中孚卦》的彖辭中有『乘木舟虛也』的話，曾氏便從一個『虛』字上聯想了很多。

他想：人必須要心中虛空，也就是說心中不要存在另物，纔能做到真實，而真實就是不欺蒙。人之所以欺蒙別人，是心中存着另一個不能告人的私物，於是便以說假話來應對。如果心中不存有另物，又何必如此呢？

人之所以欺蒙自己，也是因爲這個原因。比如說，在認知上應該是喜好道德，但心中實際上喜好的是美色，若不能去掉喜好美色的私心，則不能不對喜好道德的認知予以欺蒙。

所以，誠實表現在不欺蒙；不欺蒙，是因爲心中無私存另物。那麽，這種不存另物，就是最大的虛空。故而天下最大的虛空，也就是天下最大的誠實。當讀書時則一心讀書，不要又想與客人見面的事；當見客時則一心陪客人，不要又想讀書的事。一有他念，則另存他物了。心靈上沒有別的東西沾染着，事情來了，則依着它接應，沒有來時不去想，接應時不着雜念，過去後也不再留戀。這就是所謂的虛，也就是所謂的誠。

認識到這一點後，再來讀主張無虛妄的《无妄卦》，倡導『君子以虛受人』的《咸卦》以及提出『乘木舟虛也』的《中孚卦》，則障礙可以減去許多。

讀這篇日記，可以看出曾氏的感悟，其基點仍建在主一的理念上。對事對人，心中衹有一，不存二，這就是虛，這種虛也就是誠。若干年後，曾氏受命辦團練，向全省官紳士人堅定表示『不要錢不怕死』、一心一意護衛桑梓的態度，就是至虛至誠的最大踐行。

這天曾氏花了一個晚上創作一首題名《瑣瑣行戲簡何子敬乞腌菜》。詩寫得很風趣，現抄録於下：

瑣瑣復瑣瑣，謀道謀食無一可。
大人夭嬌如神龍，細人局蜷如蜾蠃。
皇皇百計營齏鹽，世間齷齪誰似我？
既不學虎頭食肉飛將軍，又不能駝峰犀箸醉紅裙。
長將野蔬説奇錯，春笋秋芋評紛紛。
拙妻嘲訕婢子笑，可憐先生了不聞。
苦思鄉國千里月，夢想床頭一瓮雲。
君家腌菜天下知，忍不乞我賑朝飢？
丈夫豈當判畛域，仁者况可懷鄙私！
炯炯予心天所許，堂堂此理君莫疑。
忽憶條侯理入口，黄頭銅山竟僵掊。
功高七國安如山，錢布九州浩如藪。
當時鼎烹會親賓，後日飢腸作牛吼。
今我與子俱不材，懷抱傾筐倒篋開。
敢與廉惠兩無猜，青天白日森昭回。
不醉不飽胡爲哉？

何子敬名紹祺，乃著名書法家何紹基之弟。其父何凌漢出身探花，官至工部、户部尚書，何家應是名門望族。曾氏與何家兄弟都是好朋友，往來密切。向何家討腌菜，竟然寫了一篇這樣長的古風！當然，乞腌菜不過是一個由頭，賦詩纔是正事。我們於此可見當時京師文人交往的風采。

□作詩文須有真摯情感

原文

早起，思將昨夜三詩謄稿，了此一事，然後静心讀書。乃方謄之時，意欲求工，展轉不安，心愈迫，思愈棘，直至午正方謄好。因要發家信，又思作詩寄弟，千情纏綿，苦思不得一句。凡作詩文，有情極真摯，不得不一傾吐之時。然必須平日積理既富，不假思索，左右逢源，其所言之理，足以達其胸中至真至正之情，作文時無鎸刻字句之苦，文成後無鬱塞不吐之情，皆平日讀書積理之功也。若平日醞釀不深，則雖有真情欲吐，而理不足以適之，不得不臨時尋思義理。義理非一時所可取辦，則不得不求工於字句。至於雕飾字句，則巧言取悦，作僞日拙，所謂修詞立誠者，蕩然失其本旨矣！以後真情激發之時，則必視胸中義理何如，如取如携，傾而出之可也。不然，而須臨時取辦，則不如不作，作則必巧僞媚人矣。謹記謹記。

未正，竺虔來，久談。背議人短，不能懲忿。送竺虔出門，不覺至渠寓，歸已將晚。寫家信呈堂上，僅一葉，寄弟信三千餘字。（道光二十二年十一月十七日）

評點

曾氏今天很忙。改詩謄詩費去整整一個上午的時間。又想起要給弟弟寫詩，苦苦思索，却又没有找到感覺。下午好友金竺虔來訪，久坐不走。聊完天後，曾氏又把金送回家。返回自家已將近晚上，然後在油燈下分別給父母、諸弟各寫一封家信，給諸弟信長達三千餘字。這一天夠辛苦了。

因與弟詩的構思艱難，曾氏想起作詩文必須先得有不吐不快的真摯情感，然後還得要把這種情感上升到義理層面上。如此，詩文纔可以寫得好。若義理不足，衹在字句上下功夫，則是靠巧言取悅讀者，好比作僞，與『修詞立誠』的古訓完全背離。與其這樣，還不如不作。好在第二天便進入狀態，寫了四首給九弟國荃的律詩。這四首詩手足情深，義理文字都很好，現抄録於下。

其一

違離予季今三載，辛苦學詩絶可憐。
王粲辭家遭多患，陸雲入洛正華年。
輪轅塵裏鬢毛改，鼙鼓聲中筋骨堅。
門内生涯何足道，要須嘗膽扳堯天。

其二

漢家八葉耀威弧，冬乾春膠造作殊。
豈謂戈鋋照京口，翻然玉帛答倭奴。
故山豈識風塵事，舊德惟傳嫁娶圖。
長是太平依日月，杖藜零涕説康衢。

其三

杜韓不作蘇黃逝，今我説詩將附誰？
手似五丁開石壁，心如六合一游絲。
神斤事業無凡賞，春草池塘有夢思。
何日聯床對燈火，爲君爛醉舞仙傲。

其四

辰君平正午君奇，屈指老沅真白眉。
入世巾袍各骯髒，閉門諧謔即支離。
中年例有妻孥役，識字由來教養衰。
家食等閑不經意，如今飄泊在天涯。

這四首詩中的第一首説諸弟求學求功名的不易，第二首説的是對戰爭將起的憂慮，第三首是對詩文有成的自我夸許，第四首是對已成年的三個兄弟的評價。最有趣的是第四首。曾氏對時年二十三歲、二十一歲、十九歲的三個弟弟的品鑒，居然與後來他們一生的行事基本吻合。

四弟國潢出生於庚辰年，被稱爲辰君。辰君一生的功名，衹是一個大哥花錢買來的監生。戰爭年代，他未參與兵事，一直在老家照顧曾氏大家族，後來活了六十七歲，壽終正寢。用平正二字來概括其一生，大致是接近的。

六弟國華壬午年出生，被稱爲午君。午君的功名也是靠錢換來的監生。他一生眼高氣大，我行我素。自身尚未獨立，便不顧大家勸阻執意娶妾。功名未成，不檢討自己，却怨天尤人、牢騷滿腹。後來領兵打仗，竟然屢屢得手，但最終還是將一支六七千人的軍隊引入全軍覆没之地，本人也落得個身首异處的悲慘下場。一生行事，真正是奇特。

老沅即沅甫，也就是九弟國荃。三個弟弟中，大哥對他的評價最高、期望最大，稱他爲馬良。他也確實没有辜負乃兄的期許，憑本身的才學考取秀才，又考上優貢，後來成爲大哥最爲得力的幫手，也爲自己博得高位顯爵榮華富貴。

曾氏素來被認爲精於相人，從對自己三個弟弟的評價中，可知此語不虛。

□慚愧令聞在外

原文

晏起。病已愈矣，尚爾沾戀，何也？閱書僅數葉。早飯。記前日、昨日事。走邵蕙西處談。歸，閱《山谷集》，涉獵無得，可恨！好光陰長是悠忽過了。又圍棋一局，此事不戒，何以爲人？日日説

改過，日日悔前此虛度，畢竟從十月朔起，改得一分毫否？

未正，朱廉甫前輩偕蕙西來，二君皆直諒多聞者，廉甫前輩之枉過，蓋欲引予爲同志，謂可與適道也。豈知予絕無改過之實，徒有不怍之言，竟爾盜得令聞，非穿窬而何？貽父母羞辱，孰有大於此哉！二君久談，廉甫自言，得力於師友爲多。接次會客，至二更初方散。點詩二卷。（道光二十二年一月二十二日）

評點

朱廉甫名琦字伯韓，廣西桂林人，道光十五年進士，官居監察御史。朱琦以敢於直言上書聞名中外，是曾氏心裏所欽敬的人物。朱在邵蕙西的陪同下來到曾氏家拜訪，又引曾氏爲同志。此事令曾氏感激。但曾氏覺得名不符實，深感慚愧。我們於此可知，曾氏這時已經在京城裏頗有好名聲了。

他來到北京不到三年，官位也不過是翰林院一名從七品的檢討，小京官而已。他憑什麽會有如此令聞』呢？筆者想，除開工作勤勉稱職、詩文寫得好之外，大概主要得力於他的朋友圈的揄揚。唐官居太常寺正卿，地位既顯，又德高望重。倭仁官居詹事府詹事，是著名的理學大師。邵懿辰是有的經學家，名垂儒苑。這些人在官場士林都有大的影響力。他們都贊許曾氏，幫助曾氏很快在京師野打開知名度，而且也爲他日後青雲直上的太平京官仕途搭建順暢的階梯。於是我們知道，曾氏刻自勵的修身，不僅爲他健全的人格的培植發揮良好作用，也給他帶來實實在在的利益收穫。

□滌舊生新

原文

早，點詩一卷。至田敬堂處會課，寫摺子五開，申正歸，飯。點詩三卷。古文尚未點完，忽遷而點詩，無恒不知戒耶？記昨日、今日事。

自立志自新以來，至今五十餘日，未曾改得一過，所謂『三戒』、『兩如』及静坐之法，養氣之方，都衹能知，不能行，寫記此册，欲誰欺乎？此後直須徹底蕩滌，一絲不放鬆。從前種種譬如昨日死，以後種種譬如今日生。務求息息静極，使此生意不息，庶可補救萬一。慎之，勉之！天頭：力踐斯言，方是實學。艮峰。無徒巧言如簧也。（道光二十二年十一月二十三日）

評點

我們從『從前種種譬如昨日死，以後種種譬如今日生』這兩句摘自《了凡綱要》的話，可知曾氏自號『滌生』的出典。『死』意謂不能復生，也就是説老毛病絶對不能復發、老錯誤絶對不能再犯。但是，真正要做到，却很難。我們看日記中所説的：立志改過自新以來五十天了，没有改掉一個壞毛病，自己提出來的『三戒』（戒吃大烟、戒妄語、戒房闥不敬）、『兩如』（如日之升、如鼎之鎮）等都没有真正實行。照這樣説來，滌舊生新的修身就没有用了，常言説得好嘛：江山易改，本性難移。然而，話不能這樣説。

在筆者看來，取得人生大成功的曾氏，其堅實的基礎恰恰就是夯牢於這段時期。不要説經過長時期的堅持，曾氏還是慢慢戒掉了一些不好的習性，如吃烟，如晏起，如愛夸夸其談等等，即便什麽毛病都没有去掉，修身的意義也不可低估。這體現在兩個方面：一、長期修身的過程，讓曾氏心裏有了牢固的鮮明的好壞區分、是非標準。二、使得曾氏養成自律克己的思維習慣和行爲方式。這兩點，在日後曾氏身膺艱巨、手握重權的歲月裏，發揮着重大的實際效應。

□主動送日記請師友看

原文

晏起。點詩數頁。飯後拜客，至申正止。晤朱廉甫前輩，看詩二首，是宗韓者，雖不多説，然尚有掠影之談。晤竹如，走艮峰前輩處，送日課册，求其箴砭。見其整肅而和，知其日新不已也。而余内不甚愧憤，何麻木不仁至是！竟海先生處，惜不久談。

申正，赴何子貞飲約。座間太隨和，絶無嚴肅之意。酒後，觀人圍棋，幾欲攘臂代謀，屢懲屢忘，直不是人！天頭：我輩既知此學，便須努力向前，完養精神，將一切閑思維、閑應酬、閑言語掃除净盡，專心一意，鑽進裏面，安身立命，務要另换一個人出來，方是功夫進步，願共勉之！艮峰。便至岱雲處，與之談詩，傾筐倒篋，言無不盡，至子初方歸。比時自謂與人甚忠，殊不知已認賊作子矣。日日耽著詩文，不從戒懼謹獨上切實用功，已自誤矣，更以之誤人乎？且無論是非，總是説得太多。（道光二十二年十一月二十四日）

評點

從這篇日記中我們可得知，曾國藩是主動送日記給師友們看的，其中最認真讀曾氏日記的應是倭仁。此人不僅仔細讀，而且在日記的天頭處寫了不少批語。在這篇日記上，他更是寫下六十多個字的長批。在倭仁眼裏，除脚踏實地踐行理學之外，其他一切都是空閑的；安身立命，祇在聖賢教導中。在今人看來，這的確迂腐、古板至極。

頑固守舊是倭仁留在歷史上最出名的形象。他反對建同文館，反對洋務運動，他説的『立國之道，尚禮義不尚權謀；根本之圖，在人心不在技藝』，曾被廣爲嘲弄。寫在曾氏日記上的這段批語，與他的整個思想體系是完全一致的。其實，倭仁的那兩句名言，若站在人類文化進展史的高度上來看，並無錯誤；其錯，在不知應時與變通而已。

□太在意別人的毀譽

原文

早起，讀《中孚卦》，心煩人。飯後，走唐詩甫處拜其年伯冥壽，無禮之應酬，勉强從人，蓋一半仍從毀譽心起，怕人説我不好也。艮峰前輩教我掃除閑應酬，殆謂此矣。

張雨農邀同至廠肆買書，又説話太多。黄茀卿兄弟到京，便去看。與岱雲同至小珊處，渠留晚飯，有援止而止底意思。又説話太多，且議人短。

細思日日過惡，總是多言，其所以致多言者，都從毀譽心起。欲另換一個人，怕人説我假道學，此好名之根株也。嘗與樹堂説及，樹堂已克去此心矣，我何不自克耶？

記廿四、五、六、七四日事。（道光二十二年十一月二十七日）

評點

同事爲父親做冥壽，曾氏内心並不想去，但還是去了。朋友的兄弟進京了，曾氏跑去看望。朋友邀他到琉璃廠去買書，他也跟着去了。所有這些活動，曾氏都不是很情願參加的，但最後都去了。他檢查動機：一半是『從毀譽心起』，也就是説，有一半的原因是出於怕別人説自己不懂禮貌、不講交情等等。這種行爲，也就是他先前所説的『循外爲人』。

這大概是曾氏爲人處世的一大特色。他自己對這個特色不滿意。受外界輿論左右，受別人好惡左右，原本是不好的事。這將耗費自己很大的精力與時間，而且費力又不討自己的好。更可怕的是，長期如此，則容易迷失自我：變得純粹爲世俗而活，爲他人而活。但是，人類社會是個群體組織。群體生活追求的是公共利益，倡導的是互相理解、互相照顧、互相關愛，推崇的是爲别人、爲群體而犧牲個人的品德與行爲。顯然這兩者之間存在着矛盾。曾氏眼下便處於這個糾結之中。

□朋友前來爲祖母拜壽

原文

祖母大人七十六壽辰。晏起。逢此慶節，不黎明而起，何神昏一至是耶？田敬堂來拜壽，一無預備。抱愧何已？敬詣前門神廟燒香，便拜客三家，歸。

飯後，讀《既濟》、《未濟》，毫無所得。未正，黄茀卿來，接次會客。朱廉甫前輩來，談甚久。予又病多言。昌黎云：『默焉而其意已傳。』嘵嘵胡爲者，况其一無真知耶？廉甫言取人，但當求其長，與子序昨夜言同。又言濟世以匡主德、結人心、求賢才爲要，餘皆末節耳。傍晚去。飯後，馮樹堂、易蓮舫來，談良久。

予内有矜氣，而語復浮，所見不合，仍爾自是。器小，可鄙。讀《既濟》、《未濟》注疏，粗涉了事。記昨日、今日事。（道光二十二年十一月二十九日）

評點

曾氏的朋友田敬堂前來爲其七十六歲生日的祖母賀壽，曾氏自家反無準備，他爲此自責。田敬堂名雨公，山西人，乃曾氏的進士同年。此人書生氣息重，咸豐三年正當壯歲時，便辭官回籍去做書院山長。他愛讀書，愛畫畫。一個月後，曾氏爲他題了三首畫蘭詩，贊其『從容讀書還煮茶』的書齋生涯，並借此傾吐自己的鄉愁：『有客對此三沉吟，一夜魂飛洞庭深，故鄉蘅杜知我心。』

曾氏的祖母一不在京師，二不是整壽，三没有邀請，一個外省籍同年前來祝賀，這事擱在今天，大概不會發生。但一百多年前，在重視血緣血親的傳統中國文化濃郁的時代，田敬堂此舉，也不會被人視爲反常。不過，就在當時，這種情形或許也不多見，故而曾氏没有預備。是不是田敬堂借此而向曾氏求詩呢？他拿着自己的蘭花圖來到曾家，名爲賀壽，實則請曾氏爲其畫作題詩。田以這種方式來求詩，曾氏怎能推辭？而這一定要事先知道曾氏祖母的生辰日期纔行，難得田敬堂存着這份心！

短短一篇日記，多次檢討自己的讀書不專心、多言、自以爲是、氣色浮躁、器量狹小。曾氏的修身，真正是求全責備、苛刻細微！

□爲浪得虛譽羞愧

原文

早起，讀《易·繫辭》三章，至巳正。

客來，同出門拜壽。見人圍棋，躍躍欲試，竟越俎而代，又何説自解耶？吃麵，拜客二家。歸，看書三頁。走邵蕙西處，受朱廉甫前輩昨日之托也。談次，邀同至海秋處，不獲辭，因與俱往。座間，晤陳小鐵浙江人、王少鶴廣西人，皆英年妙才。海秋苦留四人上館，至子初方歸。渠四人皆博學能文，予雖留心緘默，而猶多自文固陋之言，此等處所謂雖十緘亦不妨者也。惟其平日重内輕外，故見有才者，輒欣羡耳。

是日，接耦庚先生信，浪得虛譽，愧極，醜極！（道光二十二年十一月三十日）

評點

耦庚先生即賀長齡，他是近代湖南的名宦。賀功名早達，官也做得順遂，最高的職務做過雲貴總督，但最終以革職結束仕途，抑鬱而死。賀在歷史上留下的最大業績，是在江蘇布政使任上安排魏源編輯的《皇朝經世文編》。此時賀出任貴州巡撫，是爲數不多的湘籍封疆大吏。

賀長齡在信中夸獎曾氏，曾氏認爲這是『浪得虛譽』，感到羞愧。對於曾氏來說，賀是長輩（十年後，曾氏父親力主紀澤娶賀之女，曾氏曾以輩分不合爲托辭），又身居疆寄，能得到這樣的『虛譽』，他的心裏毫無疑問是高興的。這也説明曾氏當時在京師官場上已有出色的表現，以至於遠在數千里外交通不發達的貴陽的賀長齡都耳有所聞。賀的這封信已不易找到，但曾氏全集中收有一封道光二十三年給賀長齡的復信，借此我們可略窺賀曾二人通信的大致内容。

曾氏在信中告訴賀，他追隨唐鑒研習理學，由此纔『粗識指歸』。接着談到他對當下學界仕途的『轉相欺謾』、『益尚虛文』的極大不滿，並指出這種種弊病皆因不誠之故。信中還提到賀的楹帖上『道在存誠』的字樣。綜觀全信，全是談道説理，無一字言及日常事務。

從信中我們可知：一、據賀氏『道在存誠』四字來看，賀給曾的信大概也是布道之辭。二、據曾氏不滿時風的語境來看，此時的曾正是一個血氣方剛的憤青。三、據信的内容來看，賀曾之間衹是文字交誼、道義相期而已，還沒有到深交一層。

□課程表

原文

晏起。看《浮邱子》五十葉。未初走蕙西處，談片刻。歸，剃頭。申初海秋來久談，言不誠。酉初出門拜客，飯岱雲處。同走子貞處，商壽文。與子敬談，多言。岱雲之勤，子貞之直，對之有愧。歸，讀史十葉。寢不寐，有游思，殆夜氣不足以存矣。何以遂至於是！

不聖則狂，不上達則下達，危矣哉！自十月朔立志自新以來，兩月餘漸漸疏散，不嚴肅，不謹言，不改過，仍故我矣。樹堂於昨初一重立功課，新換一個人，何我遂甘墮落耶？從此謹立課程，新換爲人，毋爲禽獸。

課程

敬（整齊嚴肅。無時不懼。無事時心在腔子裏，應事時專一不雜。清明在躬，如日之升。）

静坐（每日不拘何時，静坐半時。體驗來復之仁心。正位凝命，如鼎之鎮。）

早起（黎明即起，醒後勿粘戀。）

讀書不二（一書未點完，斷不看他書。東翻西閲，徒徇外爲人。每日以十葉爲率。）

讀史（丙申購廿三史。大人曰：『爾借錢買書，吾不憚極力爲爾彌縫。爾能圈點一遍，則不負我矣。』嗣後每日點十葉，間斷不孝。）

謹言（刻刻留心，是功夫第一。）

養氣（氣藏丹田，無不可對人言之事。）

保身（十月廿二奉大人手諭曰：『節勞、節欲、節飲食。』時時當作養病。）

日知所亡（每日記《茶餘偶談》二則。有求深意是徇人。）

月無忘所能（每月作詩文數首，以驗積理之多寡，養氣之盛否。不可一味耽着，最易溺心喪志。）

作字（早飯後作字半時，凡筆墨應酬，當作自己課程。凡事不可待明日，愈積愈難清。）

夜不出門（曠功疲神，切戒切戒。）（道光二十二年十二月初七日）

評點

曾氏檢查兩個多月的修身，自認爲收穫甚微，遂嚴厲告誡自己：做一個改掉毛病的新人，不能做禽獸。他給自己開了一個課程表，共十二項，除『月無忘所能』外，其他皆爲天天必做的功課。我們來逐項看看這些課程。

第一門功課：敬。在『敬』字課程中，曾氏安排如此內容：一、衣冠整齊，神情嚴肅；二、無時不存畏懼之意；三、沒有事的時候，不能胡思亂想，心不安寧；四、有事的時候，專心專意辦事，不去想別的；五、每天都要做到神清氣朗，如同初升的朝陽。在《論語》中，孔子多次提到『敬』：『執事敬』、『修己以敬』、『行篤敬』。由此可知，『敬』是孔子所推崇的一種對人對己對事的態度。這種態度的主要表現，爲嚴謹、認真、恭肅等。這種態度建築在內心的『誠意』上，是『誠』的外化，所以朱熹說『敬字工夫乃聖門第一義』。

第二門功課：靜坐。在『靜坐』課程中，曾氏規定得很具體，即每天不拘泥於一個固定的時間，

但一定要做到靜坐一會兒。靜坐的目的是爲了體驗本性中的仁心恢復。靜坐的姿態應該如同鼎器一樣的厚重穩當，體內各種臟器都歸於正位，整個生命處於凝聚狀態。

第三門功課：早起。古人依據『日出而作，日落而息』的訓導，對於居家過日子，向來都是早睡早起的。所以《朱子家訓》開宗明義就說：『黎明即起，灑掃庭除，要內外整潔；既昏便息，關鎖門户，必親自檢點。』爲什麽要早睡早起呢？除開順應天道外，還有節儉一層意義在內，即儘量利用白天的陽光，而不在夜晚點燈廢油。在能源缺乏的古代，日上三竿還在睡覺、深更半夜仍點燈，都屬於浪費一類。

第四門功課：讀書不二。曾氏告誡自己一本書沒讀完，絶對不看其他的書。東翻西翻地閱讀，則徒然是爲了別人而活着。每天以讀十頁書爲進度。曾氏這種讀書的方式，乍看起來有點拙而慢；不僅讀書，曾氏一生的行事，基本上都是這樣一種拙慢的風格，以至於李鴻章批評他『迂緩』。其實，在許多場合，拙與慢是值得稱道的最佳方式。比如説，爲學問打基礎的階段，就必須拙而慢；讀經典，也需要拙而慢；辦大事，前期的調查研究及可行性的討論等等，也宜拙而慢。但是在軍事領域裏，拙而慢的風格似乎不可取，故而後來左宗棠老是指責曾氏貽語失機，不是前綫領兵打仗的指揮官料子。曾氏自己也承認非帶兵之才。他對兒子説過：『行軍本非余所長，兵貴奇而余太平，兵貴詐而余太直。』

第五門功課：讀史。曾氏在這裏回憶了一段往事。丙申（即道光十六年）再次落第後，曾氏離開北京，取道江南回家。湘鄉人易作梅任睢寧知縣，曾氏向易借了百兩銀子。路過南京時，全部用來買書，錢還不够，又典當衣服。回到家裏，曾氏如實禀告父親，並出示所買的《二十三史》。父親沒有

責怪他，衹是對他説：你借錢買書，我可以想辦法來爲你還這個錢，但你一定要用心去全部讀完，這樣纔不辜負我。曾氏謹記父親的教導，日夜苦讀，將近一年的時間足不出户。曾氏把父親的這段教導恭恭敬敬地寫出，借此將讀史與孝敬父親連在一起：今後每天讀十頁史書，如間斷則是對父親不孝。今天，哪家的父母不全力供養兒女讀書，但又有幾個兒女將讀書與孝順連係起來？

第六門功課：謹言。曾氏認爲自己在説話這方面的毛病，一是喜歡説話，二是喜歡説顯能的話，三是有時説虚僞話，四是有時説偏激話。故而曾氏要求自己於言語上要謹慎。

第七門功課：養氣。『氣藏丹田』是養氣的重要途徑，這點大家都懂，但『無不可對人言之事』這句話，許多人可能有疑惑：這與養氣有關嗎？有關。孟子説他善於培植自己的浩然之氣。曾氏養氣，其最高目標自然是養的孟子所説的浩然之氣。世上衹有正大光明的氣纔能浩大。若從這一層來看，就可以理解曾氏説的這句話了：心中無不可對人言之事，不正是胸襟光明正大嗎？

第八門功課：保身。曾氏身體不强壯。其年譜記載：道光二十年六月，曾氏在京師萬順客店『病熱危劇，幾不救』。『病熱』，應該是肺部方面的疾病，很嚴重，差點没命了。那時他的家眷還未進京，幸虧跟他住在一起的朋友歐陽兆熊悉心照顧，又請吴廷棟爲之醫治。這場病一直到九月份纔痊癒。家中親人對曾氏的身體很關注。他的父親要他節勞、節欲、節飲食。他將這三節寫在功課表裏，視爲養生的藥劑。

第九門功課：日知所亡。『日知所亡』與『月無忘所能』均出自《論語》：『子夏曰：日知其所亡，月無忘其所能，可謂好學也已矣。』子夏説：每天知道所未知的，每月複習所已能的，就可以説是好學了。顯然，這兩句話説的都是有關求學方面的事。在『日知所亡』功課裏，曾氏決定每天的日

記增加『茶餘偶談』一項，也就是記平時與師友談話中值得記下來的内容。

第十門功課：月無忘所能。曾氏給自己安排每一個月要寫幾篇詩文的任務，借此來檢驗儲存的道理多與少，所養的氣旺盛不旺盛，不能一味縱容自己偷懶取巧。

第十一門功課：作字。每天吃過早飯後寫半個時辰的字，平時給人題字贈詩文，也當作練字來對待。每天的事情當天做好，不能拖延推移，否則堆積越多越難清理。曾氏是晚清著名書法家，其字剛健陡峭、古拙耐看，應是如此每天半個時辰苦練出來的。

第十二門功課：夜不出門。曾氏痛感夜晚出門既耽擱功課又勞損精神，是一件很不好的事情，故而要自己堅決戒掉喜歡與人在夜間聚會的毛病。曾氏將此事列入功課之中，可見他對此事的重視程度。現代人藉助先進的照明技術和便捷的交通工具，熱衷於夜生活，有的人乾脆白天睡覺，夜晚則通宵達旦地吃喝玩樂。這種晨昏顛倒的生活方式對身體極爲不利。

□欲强行見朋友之妾

原文

早起，讀《易·繫》二章。

飯後出，拜客一天，日旰方歸。友人納姬，欲强之見，狎褻大不敬。在岱雲處，言太諧戲。車中有游思。

晚飯後，静坐半時，讀史十葉，記《茶餘偶談》二則，記本日事。（道光二十二年十二月十一日）

評點

有朋友新娶小妾，大概年輕漂亮，曾氏很想看一看。究竟看没看到，日記中没有説。從一『强』字來看，曾氏此心强烈。聯係到本月十六日日記中所寫的『談次聞色而心艷羡，真禽獸矣』，可知曾氏也好色。我們從收録在曾氏詩文集中的《挽伎春燕》（未免有情，對酒緑燈紅，一别竟傷春去了；似曾相識，悵梁空泥落，何時重見燕歸來）、《挽伎大姑》（大抵浮生若夢，姑從此處消魂）中亦可看出曾氏也曾出入過風月場所，流連於歌舞管弦。

其實，曾氏和我們普通人一樣，他就是一個凡夫俗子。但曾氏又不是一個完全的凡夫俗子：一則他敢於將這些凡俗之欲念寫進日記，讓圈内的朋友們傳閲；二則他不滿意自己的這些想法和行爲，希望能改掉。

□熱愛批評立即改過

原文

晏起，可恨。

讀史，恐本夜有事耽擱，至午初方畢。何子貞作祖父母壽文，讀之甚愜心。而以後半叙次不甚似祖大人氣象，意欲自加潤色，良久，乃修飾妥當。持稿示蕙西，蕙西責予曰：『子孫孝思，曾不係乎此，此世俗所謂尊其親者也。君不宜以此逐逐，徒浪費耳。且君祇擬作一副壽屏，既請子序撰文，不宜復商之子貞；子貞作文，君亦不得贊一詞，節次差繆，總爲俗見所蔽，遂致小事都迷。』聞言悚然，回看子序文，良深遠絶俗，益信聞譽言則氣易驕，聞箴言則心易虚，良友夾持可少乎哉？因定計辦屏兩架，以文吾過。

飯後，走琉璃廠買紙。與岱雲同至海秋處，因渠不得京察代，故往慰藉。語太激厲，又議人短，每日總是口過多，何以不改？歸，岱雲在寓，久談，三更始散。留客貪談，心不静也。記《茶餘偶談》二則。（道光二十二年十二月十三日）

評點

曾氏想做一架壽屏爲祖父母祝壽，借以表達孝思。他先請同年吴嘉賓寫壽文，後又請名士何紹基寫壽文，兩人都寫出來了。曾氏讀何文，覺得有些地方不滿意，便自己動筆來作修改。他將修改後的何文給邵懿辰看。邵懿辰當面批評他，説這件事辦得不太好。首先是錯在根本不需要做壽屏。世俗看重有形，其實子孫的孝思重在心而不重在行，做壽屏徒浪費而已。况且你祇是做一架壽屏，不應去請兩個人寫壽文。再者，也不應當擅自改動何紹基的文章。接二連三的差錯，都是因爲受了世俗的蒙蔽，以至於這樣的小事都把你弄糊涂了。

曾氏聽了這番話後很震動，回過頭來再看吴嘉賓的壽文，的確寫得不同一般。他由此而想到，這些日子來贊譽的話聽得太多，心裏不免浮生驕氣，而聽到這種批評後，纔會看出自己的不足。良友的批評監督真的是不可缺少啊！他立即决定置辦兩架壽屏，把吴、何兩人的壽文都用上，以此來彌補自己的過失。

曾氏這種聞過則喜且立即改正的作風，歷來爲人們所推崇。可惜，世風不古，現在是直截了當的批評者不多見，從善如流者更少。

□每日悠悠忽忽一事未作

原文

早起，讀《易·繫》十葉。

飯後，午初至會館，便拜客半日。至岱雲處，留晚飯。同至蕭漢溪前輩寓。座間，勸予寫摺子。實忠告之言，而我聽之藐藐，意謂我別有所謂工夫也。細思我何嘗用工夫，每日悠悠忽忽，一事未作，既不能從身心上切實致力，則當作考差工夫，冀博堂上之一歡，兩不自力，而猶內有矜氣，可愧可醜！與漢溪、可亭、岱雲同至江小帆同年處。江服闋，初至也。

二更盡，歸。寒月清極，好光陰蕩過，可惜！讀史十葉。記《茶餘偶談》一則。（道光二十二年十二月十五日）

評點

筆者讀曾氏日記，有一個很深刻的印象，就是他每日裏的應酬太多，而這些應酬又主要體現在彼此間的走訪上：他去看別人，別人來看他，寶貴的時光大半部分被這類活動給耗費了。就拿今天來説吧。他到會館去看別人，用去了半天。再到陳源兖家，在陳家吃晚飯。飯後再一起去蕭漢溪家。從蕭家出來，又去看望江小帆。這一天走了四個地方，到家已是深夜十一點了。仰望夜空中那一輪滿月，清寒銀輝，灑滿京師，他心裏禁不住嘆息：大好光陰就這麽隨隨便便地打發，真正太可惜了！

然則，曾氏不這樣做行嗎？答案是否定的。因爲曾氏首先是一個京官，是京師官場中的人，拜訪、接待是場面上人一天的主要功課。若這個功課做不好，曾氏的主業就没辦好，他在官場上就立不住脚。又不誤主業，又不誤修身治學，這纔是曾氏所要努力尋求的平衡點。曾氏的價值就在這裏：他找到了很好的平衡點。他雖然在譴責自己『每日悠悠忽忽一事未作』，但實際上他並非『一事未作』。他非常重視蕭漢溪勸他寫摺子應差一事就是證明。隔年五月，他順利通過考試，放四川鄉試正主考。他的仕途從此節節攀升。

□精神易乏如五十歲人

原文

晏起。昨夜寢不成寐，思又虛度一歲。一事未作，志不立，過不改。精神易乏，如五十歲人，良可恨也。何以爲人？何以爲子？又思有應了事數件，一諾愆期許久，思之悚然汗下，展轉不寐。

起，看昨日《茶餘偶談》，有未安，因易之。巳刻，讀史十葉。唐先生來，道真儒貴有心得。旋圍棋一局。寫應酬字二紙。料理公私數目至晚。至蕙西處，同看張文端《南巡扈從日記》。

歸，記本日事。記《茶餘偶談》一則。（道光二十二年十二月二十一日）

評點

日記中有兩點引起筆者的重視。一是曾氏說自己精神容易疲勞乏力，如同五十歲的人一樣，他爲此恨自己。曾氏此時纔三十二歲，就有如此感覺，可見曾氏身體不强壯，氣血不旺盛，但曾氏後來做了許多事，尤其是組建軍隊歷盡艱難，此事非同一般。

曾氏說過精神如同井裏的水，越汲越有，又說世上的事有一半是有所激有所逼而成的，看來這些話是他的自身體驗。

二是日記中說『唐先生來』。唐先生即唐鑒。唐鑒來訪這樣的事在曾氏日記中多次出現。唐鑒此時官居光禄寺正卿，正三品大員，又高齡六十五歲。他常常親臨曾宅，這固然說明他與曾氏關係親密，同時也給我們傳遞一個信息，即那時的官場也並非就是一色的等級森嚴：愛才惜才的高級官員，也能放下身段，禮賢下士。今天，我們能看到一位德高望重的大員，多次下訪比他小三十多歲、官階低一大截的小青年嗎？

□天下事皆須沉潛爲之

原文

晏起。改詩三句。寫絹。飯後，携交田敬堂。走雨三處，爲雲陔托銷假事。旋至子序處，不晤。便過子貞，見其作字，真學養兼到。天下事皆須沉潛爲之，乃有所成，道藝一也。子敬留圍棋一局。

嬉戲游蕩，漫不知懼，適成爲無忌憚之小人而已矣。便過岱雲，久談，語多不怍。歸，留客晚飯。樹堂來，談及日來工夫甚疏，待明年元旦蕩滌更新。渠深自慚，予則更無地自容矣。邵蕙西來，三人暢談。祭竈後，因共小酌。予言有夸誕處，一日間總是屢犯欺字耳！客去，讀史十葉。記《茶餘偶談》一則，勉强湊，無心得。（道光二十二年十二月二十三日）

評點

曾氏在何家見何紹基寫字，感受到何之學問修養兼備的神情，從中領悟到一個道理：天下的事情都必須要沉下心來潛入其中纔能有所成就，探索天地大道之事與從事一藝一技之事，都是一樣的。

無論學問還是書法，何紹基在晚清都堪稱大家。我們看何氏的履歷：他以翰林之身出任編修，歷官武英殿主校、國史館提調、四川學政，晚年又先後任濟南樂源書院、長沙城南書院山長，一輩子從事的都是文化教育方面的事業，沒有簿書公務的干擾，也不須承擔因軍政高位所帶來的責任，可以全身心地投入到他喜好的學問書法中去。『沉潛』二字，何紹基完全能做到，故而所成就者大。

曾氏一生沒有學術專著，他自己引以爲憾，時人也據此批評過他。除開中年後陷身軍旅外，是不是也與他應酬太多、不够沉潛有關？事實上，曾氏在翰林院足足呆過九年。九年的光陰不算短，如果抓緊，寫出一兩部理學研究的專著來也不是不可能的。

□與人相處不誠

原文

晏起，料理各項賬目，兼平公私銀兩，約耽擱一時許。已正與蕙西同至子序處唁吊，便至寄雲處略談。

歸，讀史五葉。心搖搖如懸旌，又皇皇如有所失，不解何故？蓋以夙諾久不償，甚疚於心，又以今年空度，一事無成，一過未改，不勝憤恨。又以九弟之歸，心常耿耿。及他負疚於師友者，百念叢集，故昨兩夜不能寐。

下半天，蕙西來。夜，樹堂來，又雨三、岱雲、少平三同年來，留樹堂久坐，暢談，四更方歸。

樹堂謂予有周旋語，相待不誠。誠僞最不可掩，則何益矣！予聞之，毛骨悚然。然比時周旋語已不自記憶，疏而無忌，一至是耶？與樹堂吃酒後，心略安帖。（道光二十二年十二月二十六日）

評點

道光二十二年就要結束了。人到歲暮，容易回想這一年來的所作所爲、所得所失。曾氏想起這一年來歲月空度，一事無成，一過未改，心裏又憤又恨。又想起七月間離京回家的九弟。九弟在京師大哥家住了一年半，其間也與哥嫂有過矛盾、鬧過不和。想到這些，曾氏心裏不安。還有種種對不起師友的地方等等，都在一歲將除的冬夜裏浮現出來。曾氏因此兩夜不能安睡。而他用『心搖搖如懸旌，又皇皇如有所失』這樣兩句話來描述自己的心情，固然有文學的色彩在內，但心理不够充足堅强也於此可見。聯係到他後來的兩次投水自殺，以及辦理天津教案時的『外慚清議，內疚神明』，這些應該都不是偶然的。筆者由此更確信一個推斷：曾氏的大事功，的確是激出來逼出來的。

這一夜，曾氏與馮卓懷徹夜長談。長談達到徹夜，通常衹有兩種情況纔有可能：一是計議大事，一是推心置腹。曾馮之間，眼下尚無大事可議，他們一定是在彼此交心地懇談。曾氏於此處記載不詳，但從『樹堂謂予有周旋語，相待不誠』的話，可以窺出至少馮卓懷説的話是發自內心的。所謂『周旋語』，就是應酬性的話。這類話多半帶有敷衍性、照顧性、策略性、臨時性等內涵，與『誠』有較大的距離。就拿曾氏對待湯海秋及其所著《浮邱子》一事而言，就可知馮所説不假。

曾氏其實並不太喜歡湯海秋。他在家信中説過湯有『浮談』的毛病，但當着湯的面，曾又『面諛』。自己批判這是『欺友自欺，罪大惡極』，下决心要『直陳所見』。然而，到了這天深夜與湯面談時，他又説了不少『不誠』的話（見道光二十二年十二月初五日記）。曾氏與湯顯然是在『周旋』。事實上，現實世界中用『周旋語』彼此應付的事是時時發生、隨處可遇的，難得的是曾與馮這樣一對朋友：一個以此嚴格批評對方，一個據此虛心檢討自己。

□馮卓懷至情動人

原文

早起，心多游思。因算去年共用銀數，拋却一早，可惜。讀史十葉，與內人圍棋一局，連會客三次。晚飯後，靜坐，不得力。寫信。請樹堂來寓，暢談至五更。

本日會客時，有一語極失檢，由『忿』字伏根甚深，故有觸即發耳。樹堂至情動人，惜不得使舍弟見之興感，又惜不得使霞仙見之也。說到家庭，誠有味乎！言之深夜，留樹堂下榻。（道光二十三年正月初二日）

評點

曾氏深感馮卓懷這個朋友的待人真誠，故在大年初二便邀請馮來家做客，二人再一次深夜長談，並將馮留宿。馮也再次以至情打動曾氏，以至曾氏爲在京師住過一年半之久的九弟沒有與馮深交而可惜，也爲密友劉蓉未能見到馮而可惜。曾氏這種自己得一好友便恨不得弟弟、密友也能與此好友成爲朋友之心，也的確讓筆者感動。

今天的日記裏，曾氏檢討了自己的『忿』字。可惜，十餘年後，曾氏即因一『忿』字而讓他與馮卓懷失和。咸豐十年，曾氏以兩江總督的身份駐軍祁門，馮卓懷此時也因與上司不和，辭掉四川萬縣知縣賦閑在家。馮遂來到曾氏祁門大營。曾氏禮聘馮爲幕賓。不久，因馮督修碉樓一事令曾氏不滿意。曾氏脾氣大發，竟當衆申斥這位老朋友，馮當即拂袖而去。曾氏後來多次邀請馮回來，馮俱不答應。但是到了晚年，曾馮還是捐棄前嫌，重歸於好。我們讀曾氏去世前一年四月致諸弟信還提到『馮樹堂十八日到此，相得甚歡』。六月份的家信中還鄭重對諸弟說馮『又言八九月間將至湘鄉二十四都等處爲我預卜葬地，若渠至吾鄉，請澄弟殷勤款接。渠昔在祁門，余與之口角失歡，至今悔之。今年渠至此間，余對之甚愧也』。

曾馮之間，雖中途有過不和，但晚年却和好如初。這一對朋友，也可謂有始有終了。

□當着朋友面大發脾氣

原文

晏起。留樹堂早飯。午正，客去。坐車出彰義門，拜黃蘭坡，久坐。留者雖堅實，自己沾戀，有以啓之。與人圍棋一局。

歸，記初二日事。曹西垣、金竺虔同年來，久談，索飯。飯後，語及小故，予大發忿，不可遏，有忘身及親之忿。雖經友人理諭，猶復肆口謾罵，比時絕無忌憚。樹堂昨夜云，心中根子未盡，久必一發，發則救之無及矣。我自蓄此忿，僅自反數次，餘則但知尤人。本年立志重新換一個人。纔過兩天，便決裂至此。雖痛哭而悔，豈有及乎！真所謂與禽獸奚擇者矣。

客去已二更。釐清拜客單，乏甚。（道光二十三年正月初三日）

評點

我們這次總算領教曾氏的脾氣了！大年初三，曹光漢（字西垣）、金藻（字竺虔）兩位鄉試同年來曾家拜年，吃完飯後又閑聊天。這本是快樂溫馨的朋友聚會。不料，因談及過去的一件小事情，曾氏竟然大發脾氣，不可遏制，似乎忘記了自己的身份以及親人的在場，雖然兩個朋友予以解釋，曾氏仍然肆口謾罵，毫無顧忌。儘管因何事而起，我們不瞭解，但大過年的又當着朋友的面，如此發怒，如此失態，真難以理解。

筆者於此看到曾氏的另一面，也借此解開多年來心中的一些疑團：一介書生，緣何可以組建軍隊做統帥？爲何早期與湖南、江西官場格格不入，以至於自己感嘆是『通國不容』的人？

□志不立則心無定向

原文

早起。是日，張設壽堂，周章一日，心中不甚安詳。西垣在寓便飯。申正，岱雲來，留吃酒，二更方散。

自去年十二月廿後，心常忡忡不自持，若有所失亡者，至今如故。蓋志不能立時易放倒，故心無定向。無定向則不能靜，不靜則不能安，其根祗在志之不立耳。又有鄙陋之見，檢點細事，不忍小忿，故一毫之細，竟夕躊躇，一端之忤，終日沾戀，坐是所以忡忡也。志不立，識又鄙，欲求心之安定，不可得矣。

是夜，竟不成寐，展轉千思，俱是鄙夫之見。於應酬小處計較，遂以小故引伸成忿，懲之不暇，而更引之，是引盗入室矣。（道光二十三年正月初七日）

評點

這半個多月來，曾氏常常心裏憂慮不安，總像丢失了什麽東西一樣。他細細地清理這種心情，認

爲是未立定志向的緣故。心思無固定的志向，心境則不能寧靜；心境不寧靜，靈魂則得不到安頓。所以，根子還是出在志向上。還有一點是心胸不開闊不爽朗，喜歡計較小事細故，又不能包容忍耐，故而爲了一件小小的事情，整夜思前想後；爲了一樁小小的不順心，一天到晚放不下。因此，心情總是憂慮不安。

曾氏能够針對自己的毛病，作這樣的剖析，這是他爲人的長處。他好比在爲自己看病診斷，病源找準了，對症下藥，纔有好的收效。他認爲病因是志向未立定，那麽當務之急在於立志。關於立志，確是他這段時期來常常思考的問題，他把這方面的思考寫在給諸弟的家書中。他對諸弟說：『君子之立志也，有民胞物與之量，有內聖外王之業，而後不忝於父母之生，不愧爲天地之完人。』（道光二十二年十月二十六日致諸弟）曾氏的志向爲：要有闊廣的胸襟、高尚的道德與爲民謀利的事功。

按理說，志向已經很清楚很明白了，爲什麽還要說『志不能立』呢？原來，曾氏的這幾個志向太大太高遠了，因而也就變得太空太不現實，彷佛是在半空雲中的東西無法着地。筆者在評點這篇家書時，針對這幾句訓弟語說過：『平心而論，要這幾個住在荒山僻嶺無尺寸功名、無絲毫地位的小青年去思考憂慮這些事，真是離譜太遠了。』其實，如此高遠偉大的志向，對於眼下這個翰苑小京官而言，也並不太靠譜，所以雖立而實未立也，他心裏依然忡忡，若有所失。曾氏爲自己把脉，大方向是對的，但根子並没有找着。

□日記不能後補

原文

晏起。飯後清賬，又清戊戌公賬付梓，屏當一切，約兩時。記初五以後事。所以須日課册者，以時時省過，立即克去耳。今五日一記，則所謂省察者安在？所謂自新者安在？吾誰欺乎！真甘爲小人，而絕無羞惡之心者矣。復左青士信。（道光二十三年正月初九日）

評點

曾氏今天補記初五、初六、初七、初八、初九五天的日記。他對自己過後補記的行爲予以批評：之所以必須天天寫日記，目的在於每天反省，發現過失立即改正。現在五天來一次總計，便失去了日日反思的意義，豈不是自欺欺人！

凡有過寫日記經歷的人都知道，過後補記是時常發生的事。如果日記掛的是流水賬，過後補記不但可行，而且也是必需的。但曾氏的日記主要不是記事，而是課督自己滌舊生新，所以他的自我批評是有道理的。

曾氏曾說過，爲學好比熬肉，先用猛火煮，然後再慢火煨。筆者讀曾氏日記，覺得他這段時期的修身，采取的是猛火煮的方式。曾氏對自己的毛病毫不隱瞞，不僅對不妥的言行，也對不妥的想法，甚至連夢中的不妥情事，都要把它晾出來，寫在日記中，給自己看，也在友朋圈中傳閱。真正是不護短，不遮醜。再就是對自己的毛病狠批痛罵，罵自己卑鄙、下流、是小人，甚至罵自己是禽獸，對所下的決心賭咒發誓，並請神明對自己的食言嚴加懲處。這些作爲統統給人以『猛烈』的感覺。如此猛火，也的確是需要天天加薪，一天都不能減弱的。所以五天不寫日課，曾氏認爲是大錯。

□舊病復發

原文

早起，吐血數口。

不能靜養，遂以斫喪父母之遺體，一至於此；再不保養，是將限入大不孝矣！將盡之膏，豈可速之以風？萌蘖之木，豈可牧之以牛羊？苟失其養，無物不消，況我之氣血素虧者乎！今惟有日日靜養，節嗜欲，慎飲食，寡思慮而已。

是日出門謝壽，補拜年，酉正方歸。樹堂來。夜，岱雲來問病。（道光二十三年正月初十日）

評點

三年前，曾氏『病熱』，情形嚴重，差一點命都没保住。今天又吐血。病熱與吐血，問題都出在肺部上。曾氏年紀輕輕，便患上當時被認爲是不治之症的癆病，確乎令人擔心。癆病在當時没有特效藥，祇能靠靜養。曾氏從『節嗜欲、慎飲食、寡思慮』三個方面入手。其實，這三個方面健康人也應做到。生命不能揮霍，生命應當珍惜。遺憾的是，對此，人們在擁有的時候都不太懂得愛重，往往要到失去的時候纔痛感它的可貴。魯迅詩曰：『天於絕代偏多妒，時至將離倍有情。』這真正是人性的弱點！

□視爲空寂反而安定

原文

晏起。飯後，蕙西來邀，同至廉甫前輩處，久談。三人同車至琉璃廠買書，至晚仍歸廉甫處晚飯。燈後還寓，料理俗事數件，記本日事。

自初十早失驚之後，萬事付之空寂，此心轉覺安定，可知往時祇在得失場中過日子，何嘗能稍自立志哉！（道光二十三年正月十三日）

評點

初十早上的吐血，的確給曾氏以極大的刺激，以至於他對於人世都有了『空寂』之感。照理說，一個三十二三歲的人，人生的感覺不應當如此灰暗。病熱與吐血的打擊是沉重的。但曾氏接下來說『此心轉覺安定』，這句話很值得我們咀嚼。

人類有憂愁，有痛苦，仔細分析，不少的憂愁與痛苦，它的根子在於欲求。欲望多、所求多，憂愁與痛苦也就多。欲求有很多種：進一步獲取更多的利益是欲求，竭力保住眼下的利益也是欲求，如

果把這些欲求都去掉，許多的憂愁與痛苦也便隨之消除，人反而會活得輕鬆。但一般情況下很難做到這點，因爲欲求與利益相連，而利益是可以帶來實際好處的。

人祇有在兩種狀況下可以與欲求脱離：一是出家，决然割斷與世俗的一切聯係，欲求會大大地減少，人也就相應地活得大爲灑脱。一是對一切絕望，不再存絲毫念想，欲求也會隨之大幅度減弱，人也可以因此活得自在。癆病在一個短時期内讓曾氏對一切絕望，他因此反而心安寧下來。這是迫不得已的事，倘若我們既不出家，又不患絕症，而能將一切看破，儘量地減少欲求，有意讓心靈空寂，豈不是上上之好！

□同年團拜

原文

早起。是日，戊戌同年團拜。予爲值年，承辦諸事，早至文昌館，至四更方歸。

凡辦公事，須視如己事。將來爲國爲民，亦宜處處視如一家一身之圖，方能親切。予今日愧無此見，致用費稍浮，又辦事有要譽的意思。此兩者，皆他日大病根，當時時猛省。（道光二十三年正月十八日）

評點

我們所處的時代有過年期間團拜的習慣。一個單位，或一個集體，或年前或年後擇一個日子，大

家聚會一處，相互見面問好。這的確是一個好的拜年方式。從這篇日記可知，至少在曾氏的時代已有了團拜風氣。曾氏這天的團拜是戊戌同年團拜，也就是道光十八年（戊戌）中的進士又同在京城爲官者，大家團聚會面，互致年禮。

次日，他的日記中又記載：『飯後仍至文昌館，本省甲午團拜。』曾氏在道光十四年（甲午）中舉，同一年中舉而此時又同居京城者一起拜年。官場也罷，商場也罷，人脈是第一等重要的。沒有人脈，做官做不好，經商也經不好，所以每到過年過節時，熱衷於擺酒請客的，非官即商。社會風氣的浮華虛榮，也多半是官商兩界弄起來的。

曾氏今年爲『值年』，負責值辦團拜事務。檢討今年的工作，他認爲有兩點需反思：一是費用上開支多了點，一是希望博得別人的夸獎。分析此中根源，是把團拜當公事而沒有當私事，若是在辦一家一身的私事，則會儘量地緊縮開支，也不會存前鑒之心。由此，曾氏提醒自己：將來爲國爲民辦事，要視作爲家爲身辦事。

聖賢教導我們公爾忘私國爾忘家，這的確是很高的境界。這種境界，在一般情況下對一般人而言，難以達到。降低一步，將公事當作私事對待，將國事當作家事對待，這個境界也很高，能做到也就很不錯了。事實上，許多人做不到。

□冷淡亦不足取

原文

眼蒙，晏起。飯後赴龍翰臣飲約，未正歸。是日，家中請客，至亥初方散。

又無嚴肅氣象！席間代人作譏諷語，猶自謂爲持平，真所謂認賊作子矣。早席中，孤另另別作一人，非處己處人之道。呂新吾先生云：『淡而無味，冷而可厭，亦不足取。』殆如此乎！（道光二十三年正月二十日）

評點

龍翰臣可不是一個等閑人物，他是辛丑（道光二十一年）科狀元。三年一次的全國精英大考，此人名列第一。這需要多好的纔情，多好的運氣，多好的心理素質！在那樣的年代，此人又曾經獲得過多大的風光！但龍翰臣後來官僅止於學政，壽亦僅止於四十四歲，更談不上大事業。科舉時代的狀元，後來大多不太得意，是否當初那一刻所獲太多的緣故？曾氏與龍關係不錯，他有詩贊揚龍：『君才美無度，大圭宜廟中。君詩如春融，秋爽亦自工……終然到聖處，今古誰雌雄？』

曾氏一直要求自己居敬慎言，即保持嚴肅端謹的神態，但在聚會中，若過於嚴肅謹慎，自己固然了無趣味，別人也將會因此興趣索然。即以說話而言，我們看酒席桌上大家所說的話，可以說百分之九十九是廢話、空話、多餘的話、可有可無的話，甚至是無聊無品的話。但倘若沒有這些話，那還有飲酒吃飯的愉快可言嗎？今天早上在龍狀元家中吃飯，曾氏可能很注意形象，結果弄得孤零零的，有點另類模樣。他自己也感覺不太舒服，所以想起一個朋友所說的話：淡而無味，冷而可厭，也是不可取的。的確，聚會場合，因太拘謹而出現的冷淡，是一個很不協調的表現。

□目屢邪視可恥

原文

眼蒙，甚晏起。內人亦臥病不能起。飯後，至蕙西處少談。歸，將至才盛館，遇竹如來，折回久談。竹如無不近理之言，真益友也。申初出門，赴惲浚生飲約，兼甲午團拜，酉正歸。

是日，目屢邪視，直不是人，恥心喪盡，更問其他？夜，心情不暢，又厭聞呻吟聲。仍出門至竺虔、西垣處談，亦不耐靜坐之咎也，更初歸。因下人小不如意致忿，何其一無所養至此！可恥之至。

（道光二十三年正月二十二日）

評點

前天剛參加過甲午團拜，今天又去，可見曾氏是同年團拜的骨幹人員。這種聚會，祇有付出，沒有回報，於此也可見他熱心公益事業的性格。當時京師流傳兩句話，道是：包送靈柩江岷樵，包寫挽聯曾滌生。江忠源（字岷樵）多次護送客死京城的舉子回籍，此種行動可以比之於古代豪杰之士。正因爲此，江忠源後來能成爲湘省率領團練出省作戰的第一人。曾氏不收分文爲他人撰寫挽聯，才情好

尚是其次，首要的是有一顆樂意爲人辦事的心。要想領袖群倫，必須具備相應的素質，樂意辦公益之事，應是其中一項重要的素質。

曾氏檢討自己今天犯的過失是『目屢邪視』，並將這一過失提到『不是人』、『恥心喪盡』的高度。看人得正視，這既是對所看之人的尊重，也表示自己的心懷坦蕩。反過來，邪視，既是對別人不敬，亦説明自己心懷鬼胎，乃極不好的一種舉動，何況多次這樣做。曾氏自罵，罵得有道理。

□與私欲血戰一番

原文

晏起，雪雨交作，而不甚寒。內人病不愈，余亦體不舒暢，悶甚不適。高景逸云，凡天理自然通暢。余今悶損至此，蓋周身皆私意私欲纏擾矣，尚何以自拔哉！立志今年自新，重起爐冶，痛與血戰一番。而半月以來，暴棄一至於此，何以爲人！何以爲子！（道光二十三年正月二十六日）

評點

身體不舒暢，心情不開朗，曾氏認爲這是自己私意私欲太重的緣故。究竟有哪些私意私欲，曾氏沒有説明瞭，從以往的日記來看，多半可能在名利等方面。再者，進京四個年頭了，曾氏也可能渴望升遷，或許冀望得到好差使。總之，在這些方面有所欲求，而所得又不如願，便會心生鬱悶，體現在生理上便是氣血不暢通，身體出了毛病。新年伊始，曾氏痛下决心，要重起爐竈，與這些私意私欲血

戰一番。決心很大，效果如何，我們且拭目以待。

□見年輕女人心思放蕩

原文

晏起。飯後，翻閱杜詩。請吳竹如來診內人病，久談。日來居敬窮理，並無工夫，故聞人説理，聽來都是隔膜，都不真切，愧此孰甚！

申初，拜客二家，至海秋家赴喜筵，更初方歸。同見海秋兩姬人，諧謔爲虐，絶無閑檢，放蕩至此，與禽獸何异！（道光二十三年正月二十七日）

評點

這是曾氏在日記中第三次檢討自己的好色之心了。好色之心，人皆有之，這並不奇怪，何況曾氏此刻還衹有三十三歲，儘管身體不很强壯，但畢竟是年輕人，愛慕少女自屬正常。不過，曾氏的檢討還是有意義的。這種意義表現在遏制上，即將此心遏制在一個限度内。

湯鵬不過一御史而已，就娶了兩個小老婆，按曾氏眼下的處境，討個小妾也不是不可以的，但他一直没有這樣做。終其一生，他衹在五十一歲那年娶了陳氏妾。而之所以娶陳氏，是因爲曾氏那段時期牛皮癬發作，奇癢難耐，整夜不能入睡，有人搔癢，則可以睡一兩個時辰。陳氏妾實際上衹是一個搔癢的丫環。她在曾氏身邊呆了一年零七個月便病死了，也没有留下兒女，之後曾氏再未娶妾。在那個時代，曾氏也算得上一個不貪女色的人。這種不貪，應與他的自我遏制有關。

□也有景況苦的官員

原文

晏起。飯後看杜詩，翻閱，一無所得。旋走黎月喬前輩處，聞劉覺香先生言渠作外官景況之苦，愈知我輩舍節儉别無可以自立。若冀幸得一外官，以彌縫罅漏，缺瘠則無以自存，缺肥則不堪問矣，可不懼哉！與月喬前輩同至金可亭寓，爲博塞之歡，嬉戲竟日，二更初散。

寫日課册，至今已四閲月，不能日新，乃反日趨下流，有何面目復與良友相酬對耶！（道光二十三年正月二十九日）

評點

世人眼裏，都認爲做官就意味着發財有錢，其實不盡然。筆者從曾氏早年的家書中知道他的京師生活並不寬裕，甚至可以説得上是拮据。我們來看看他家書中的話：

『孫等在京别無生計，大約冬初即須借賬，不能備仰事之資寄回，不勝愧悚。』（道光二十一年六月初七日稟祖父）

『孫此刻在京光景漸窘。然當京官者，大半皆東扯西支，從無充裕之時，亦從無凍餓之時，家中不必繫懷。』（道光二十一年六月二十九日稟祖父）

『男今年過年，除用去會館房租六千外，又借銀五十兩。前日冀望外間或炭資之贈，今冬乃絕無此項。』（道光二十一年十二月二十一日稟父母）

『此刻光景已窘，幸每月可收公項房錢十五千，外些微挪借，即可過度。』（道光二十二年三月十一日稟父母）

『今年冬間，賀耦庚先生寄三十金，李雙圃先生寄二十金，其餘尚有小進項。湯海秋又自言借百金與我用。計還清蘭溪、寄雲外，尚可寬裕過年。統計今年除借會館房錢外，僅借百五十金。岱雲則略多些。岱雲言在京已該賬九百餘金，家中亦有此數，將來正不易還。寒士出身，不知何日是了也！我在京該賬尚不過四百金，然苟不得差，則日見日緊矣。』（道光二十二年十二月二十日致諸弟）

從以上所抄錄的家書來看，曾氏的收入即俸祿不足以支付他在京師家庭的開銷，他要靠借錢與別人的接濟來東挪西補地過日子。這不衹是他個人的現象，凡出身清貧的小京官差不多都如此。他的同年兼親家、湖南茶陵人陳源兗（岱雲）比他還要艱難。欠下的這些債，今後怎麼還呢？靠放差。最好的差使便是充任外省的鄉試主考官。這一年四月，曾氏通過考試獲得四川鄉試正主考美差。這趟差使結束後，他獲得約三千兩銀子的收入，所有的欠賬一掃而空。曾氏從此脫貧。

小京官不寬裕，地方官也不是人人都有錢。這篇日記裏所說的劉覺香便是景況苦的地方官。地方官要看在什麼地方為官。曾氏說，若在窮困之地為官，『則無以自存』，但富裕之地，又不是隨隨便便可得到的，沒有門路的人則不敢去想——『不堪問矣』。

讀這篇日記，能讓我們得到真實歷史的第一手資料。

□心病帶來身病

原文

早起，至會館敬神，便拜客五家。申初到家，倦甚，不能看書，眼蒙如老人。

蓋安肆日偷，積偷之至，腠理都極懈弛，不復足以固肌膚、束筋骸。於是，風寒易侵，日見疲軟，此不能居敬者之不能養小體也。又心不專一，則雜而無主。積之既久，必且忮求迭至，忿欲紛來。其究也，則搖搖如懸旌，皇皇如有所失。總之，曰無主而已。而乃釀為心病，此不能居敬者之不能養大體也。

是故吾人行父母之遺體，舍居敬更無他法。內則專靜純一，以養大體；外則整齊嚴肅，以養小體。如是而不日強，吾不信也。嗚呼！言出汝口，而汝背之，是何肺腸？（道光二十三年二月初一日）

評點

曾氏今年虛歲不過三十三，按現在的說法，是真正的青年，但他卻說自己不能看書，眼睛迷蒙如同老年人。未老先衰之態何以至此！他分析造成這種狀態的原因是安於舒適的生活，懶惰不振作。因為偷惰，身體各部位都處在鬆懈的狀態中，筋骨肌膚都不緊湊堅固，風寒容易侵蝕，身體便不強壯。再加上心思不專一，紛雜而無主軸，欲求太多，長久如此，釀成心病。

曾氏這種自我檢討，今天很多人或許並不認同。今人習慣從生理上、從身體各種部位上去尋找原因，這無疑是很有道理的。但一個人的身體狀況，除取決於有形的器質外，還取決於無形的精神、情緒等。這種『無形』的影響並不亞於『有形』。伍子胥過昭關，一夜之間白了頭，並非是戲臺上的夸張。所有的長壽老人，幾乎都有兩個共同的特點：一是勤快，二是樂觀。有句俗話說『百病起於懶』；又說『愁一愁，白了頭』。這兩句大家耳熟能詳的諺語說的正是器質之外的原因。當然，勤快能活動關節，疏通氣血；樂觀使人心胸開朗，穴路不淤塞。這些，其實與器質的健康也密不可分。曾氏的這篇日記可以給我們以啓示。

□在游蕩中打發一天

原文

晏起。飯後，因心不舒鬯，出門游蕩。至何子貞處，觀渠作字，不能盡會悟，知平日所得者淺也。與湯海秋圍棋一局，至申初始歸。海秋來寓，蕙西亦來。

觀人作應製詩，面諛之，不忠不信，何以爲友！聖人所謂善柔便佞之損友，我之謂矣。申正，赴易問齋飲約。戊正，同王翰臣、杜蘭溪、何子貞小飲黎月喬處，不節飲食。夜深方歸。（道光二十三年二月初七日）

評點

曾氏這一天是在無目的性的游蕩中度過的。先是到何家看何紹基寫字，然後與湯鵬下了一盤圍

棋。接下來，與來訪的湯鵬、邵懿辰閑聊。下午，到易問齋家喝酒。夜裏，又與王、杜、何三位一道在黎宅宵夜。爲什麽這一天如此無節制？是因爲曾氏心裏不舒暢。

心裏不舒暢，不窩在家裏一人生悶氣，去朋友家走走看看，這其實也是一個好的排遣之法。在這樣的游蕩中，曾氏也沒有忘記對自己一天的反省。

反省之一是對何紹基的字不完全領悟。曾氏對何的字是很贊賞的。他在先一年的十一月十七日給諸弟的信中說：何紹基的『字則必傳千古無疑矣』。何字風格頗异，粗看柔弱而散漫，細看則趣味無窮。要深透理解何之字，的確不是一件容易的事。曾氏知道何字好，但究竟好在哪裏，他大概也說不很清楚。曾氏好書法，也於此道用過功。他因此檢討自己在這方面的學問還是淺薄。

反省之二是當面吹捧別人作的應製詩。面諛乃社會常態，曾氏亦未能免俗，但他的好處是能够反省。曾氏好詩而精於詩。詩乃爲有感而發之，故而應製詩中難有佳作。明知別人的應製詩不好，但當面吹捧，曾氏對此種作爲，過後甚爲厭惡。在當面吹捧這一點上，曾氏與俗人無异；在過後反省這一點上，曾氏勝過俗人。當然，說不定在日後的社交應酬中，曾氏還會屢屢犯此毛病，但過後反省與不反省還是有區別的：它至少可以略加抑制，不至於太泛濫成災。

□畏友邵懿辰

原文

蕙西已來，始喚起。論連夜天象，西南方有蒼白氣，廣如一匹布，長數十丈，斜指天狼星，不知

主何祥也。因留蕙西早飯。

蕙西面責予數事：一曰慢，謂交友不能久而敬也；二曰自是，謂看詩文多執己見也；三曰僞，謂對人能作幾副面孔也。直哉，吾友！吾日蹈大惡而不知矣！

是日，作小楷千餘字。下半天，蕙西來，招同至陳藝叔處，燈後歸。王翰城來，久談。（道光二十三年二月十二日）

評點

邵懿辰當面批評曾氏有三大毛病：一是與朋友相交不能始終持恭敬態度，久而怠慢；二是自以爲是，談論詩文多固執己見；三是虛僞，對人表裏不一，有多種面孔。我們讀曾氏這段記載，不能不感嘆邵之直爽的難得，尤其是第三點，直指人的心術。如此批評，豈是可以隨便説得的！但邵當面説了，難能可貴；而曾氏居然將它記録在日記裏，並因此稱贊邵而檢討自己，更難能可貴。當今之世，古風早已不存，放眼看去，盡皆諛友，難尋畏友。讀這篇日記，真讓人感慨唏噓！

邵懿辰爲人亢直，不僅面折曾氏，對别人也一樣。同治四年，曾氏爲邵寫了一篇墓誌銘，特别提到邵的這個性格。墓誌銘中説：『位西性故戇直，往往面折人短，以謂「書籍所無，公何得漫爾」？不應，再糾焉，猶不獲，三諫焉，無問新故、疏戚、貴賤、時否。一切蹙額相繩，人不能堪，終以此取戾於世。大學士琦善公在獄，嘗發十九事難之。大學士賽尚阿公視師廣西，手疏七不可詩之。諸公貴人，病其峭直，由是齮焉不得安其位。』

折人直折到大學士身上，邵懿辰因此而被罷官。罷官後，邵潛心學問，著作不斷，終成一代經學家。咸豐十一年底，因杭州城破，邵也死於是役。得知確訊後，其長子與夫人亦相繼悲傷辭世。性格即命運。這一命題在邵懿辰身上不幸而得以驗證。

□鷄伏卵及猛火煮

原文

晏起。飯後至翰城處，惑於風水之説。至廠肆買書，未初歸。作字百餘。下半天，拜客五家，燈後歸。

昨日，因作字思用功所以無恒者，皆助長之念害之也。本日，因聞竹如言，知此事萬非疲軟人所能勝，須是剛猛，用血戰工夫，斷不可弱，二者不易之理也。時時謹記《朱子語類》『鷄伏卵』及『猛火煮』二條，刻刻莫忘。（道光二十三年二月十三日）

評點

曾氏反省自己讀書做學問之所以無恒心，是因爲拔苗助長的思想在作怪：巴不得立刻見成效，没有耐心做日積月纍、盈科後進的功課。這種拔苗助長心態，頗具普遍性，要克服它並不容易。他從吴廷棟那裏明白，用功這件事决不是意志力不堅强、易於疲沓的人所能勝任的，必須要有剛烈威猛之作風，以血戰到底的氣概來與疲軟之習作鬥争。他特别提到要時刻謹記《朱子語類》中『鷄伏卵』與『猛火煮』的兩條教導，以朱熹所説的方式習字做學問。

《朱子語類》一書記載了朱熹關於爲學做人處事方面的言論，有一百四十卷之多，是一部研究儒家學問和朱熹本人的重要著作。在卷第八總論爲學之方中，朱熹說到了『鷄伏卵』與『猛火煮』、『若不見得入頭處，緊也不可，慢也不得。若識得些路頭，須是莫斷了。若斷了，便不成，待得再整頓起來，費多少力！如鷄抱卵，看來抱得有甚暖氣，衹被他常常恁地抱得成。若把湯去蕩，便死了；若抱纔住，便冷了。』『今語學問，正如煮物相似，須爇猛火先煮，方用微火慢煮。若一向衹用微火，何由得熟？欲復自家元來之性，乃恁地悠悠，幾時會做得？大要須先立頭緒。頭緒既立，然後有所持守。』

『鷄伏卵』，是以母鷄孵蛋作比喻。母鷄伏在蛋上，一天到晚，紋絲不動。日復一日，天天如此，直至以自己的體温將小鷄從蛋中催生出來。這裏急不得，快不得，巧不得，成果必須要在功夫到了足够程度時纔會出現。做學問如此，習字如此，許多技藝的獲得也如此。

『猛火煮』，是以煮肉類等難以一時熟透的食品作比喻。煮這樣的食品，必須先得有一個猛火的過程，然後再慢慢地用微火去煨，將其中的深味一點點的熬出來。如果一直用微火，則深味始終出不來。做學問也應該如此。一段時期内集中精神下猛力，然後再慢慢温習、體味，並逐漸增添新的知識。

曾氏也曾將『猛火煮』的讀書體會說給諸弟：『子思、朱子言爲學譬如熬肉，先須用猛火煮，然後用慢火温。予生平工夫全未用猛火煮過，雖略有見識，乃是從悟境得來。偶用功，亦不過優游玩索已耳。如未沸之湯，遽用慢火温之，將愈煮愈不熟矣。』

鷄伏卵也罷，猛火煮也罷，都是說的下笨功夫、下苦功夫，不能走捷徑，更不能投機取巧，即朱熹所說的：『大抵爲學雖有聰明之資，必須做遲鈍工夫始得。』（《朱子語類》卷第八）

□杜詩韓文因知言養氣而百世不朽

原文

晏起。飯後到湖廣館看杜詩一卷，純是矜氣。杜詩韓文所以能百世不朽者，彼自有知言、養氣工夫。惟其知言，故常有一二見道語，談及時事，亦甚識當世要務。惟其養氣，故無纖薄之響。而我乃以矜氣讀之，是客氣用事矣，何能與古人投入哉！

岱雲來館，久談。夜，在家看小說。（道光二十三年二月十八日）

評點

曾氏特别喜歡杜詩、韓文。他在道光二十四年三月給諸弟的家信中，談到了他的課程安排，其中所列的八種熟讀書中便有杜詩與韓文兩種。咸豐八年七月，他在給兒子紀澤的信中也表示了對杜、韓二人詩文的高度評價：『李杜韓蘇之詩，韓歐曾王之文，非高聲朗誦則不能得其雄偉之概，非密咏恬吟則不能探其深遠之韵。』

他爲何如此喜歡杜、韓，並視之爲能百世不朽？這篇日記談到杜詩韓文的兩個特點：一爲知言，一爲養氣。曾氏的所謂知言，即『見道』、『識當世要務』，用今天的語言表述，就是有思想、有見解、洞時弊等等。曾氏的所謂養氣，也就是孟子所說的『我善養吾浩然之氣』。在他看來，杜詩韓文中有一股浩然磅礴之氣。曾氏因此而反省自己學杜詩韓文不够虚心、不够心悦誠服（矜氣），而這種情緒乃出於自己的偏激心態（客氣）。這篇日記給我們透露兩個信息：一爲曾氏的審美觀，二是曾氏文風的溯源。

□慚愧吳廷棟的敬重

原文

早起，請竹如來診小女。巳正來，久談。竹如言及渠生平交道，而以知己許予，且曰：『凡閣下所以期許下走之言，信之則足以長自是之私，辭之又恐相負相知之真，吾惟有懼以終始而已』云云。予聞此數語，悚然汗下。竹如之敬我，直乃神明內斂，我何德以當之乎！日來安肆如此，何以爲竹如知己？是污竹如也！

未初，至兩三處會課，寫摺二開，燈後歸。岱雲偕易蓮舫來，談至二更去。（道光二十三年二月二十一日）

評點

吳廷棟以知己視曾氏。他對曾氏說：凡你對我所說的那些勉勵贊許的話，我若相信我就如同你所說的那樣，將會增長我的自以爲是的毛病；我若不相信，則又恐辜負了你的相知真情。我唯有始終以謹慎之心態對待而已。聽了這幾句話，曾氏爲吳對自己之敬重慚愧汗顏。他於是反省：朋友將自己平時隨意說的話看得這樣重，而自己反而安逸懶惰不思進取，何以對得起朋友？

吳廷棟以貢生出身，由刑部郎中做到刑部侍郎，可見亦非平庸之輩，況且比曾氏大了九歲。他能如此看重曾氏，足見三十出頭的曾氏已在京師士人中初露崢嶸了。

□處衆人中有孤零之感

原文

早起。飯後至湖廣館讀杜詩半卷。未正，至戴蓮溪同年處，公請黄矩卿師，至二更方散。處衆人中，孤另另若無所許可者，自以爲人莫予知，不知在己本一無足知也，何尤人爲！（道光二十三年二月二十四日）

評點

在公請老師的酒席上，曾氏有孤零零一無所是之感。他一面以別人不知曉來作自我安慰，同時也明白自己本來亦無特別過人之處，又怎麽能怨天尤人呢？

素日裏曾氏朋友很多，稱贊他的人也很多，不料他也有被冷落處孤單的時候。可貴的是他没有因此怨尤別人，反而反省自己的不足。由此可見，中國傳統文化中『三省吾身』的重要性和實用價值。

□人定亦可勝天

原文

早起。女兒昨夜徹宵不眠，請竹如來診治，談之良久。又同至蕙西處。

竹如言交情有天有人，凡事皆然。然人定亦可勝天，不可以適然者，委之於數，如知人之哲，友朋之投契，君臣之遇合，本有定分，然亦可以積誠而致之。故曰命也，有性焉，君子不謂命也。

下半日，悠忽不事事。至岱雲、少平處。作詩一首。（道光二十三年二月二十五日）

評點

日記中記吴廷棟關於人與人交情的一段話。吴説：人與人的交情有親有疏、有厚有薄，這之間有自然的客觀因素在內，也有人爲的主觀因素在內。然而，人的力量有時也可勝過天的力量。若没有適應的環境，則祇能歸之於命運的安排。比如有没有識人的明智，有没有情投意合的朋友，遇没遇到能賞識自己的君王等等，這些原本是命運中有安排的，但是也可以依靠長期間的努力來達到。這正是孟子所説的，既是命運，但也關乎人的習性，故而君子不説命運一類的話。吴廷棟還説，人與人之間的交情如此，别的事情也都如此。

吴的這番話，説的其實就是兩個字：天與人，及其他們之間的關係。曾氏在後來的歲月中常常説『天命居半，人力居半』，『半由天命，半由人力』這樣的話，不能説曾氏的這種思想就是受到吴的影響而成，因爲這畢竟是自古以來哲人的共識，但這一段被曾氏鄭重其事記載於早年日記中的話，它得到曾氏本人的强烈認可則是毫無疑問的。

□不懼則驕

原文

早起，讀杜詩。飯後，爲蕙西寫序一首，計六百字。旋走蕙西處談。申初，何子貞來，略談。旋朱蓮甫來，邵蕙西來，久談，至晚方散。

蓮甫言，莫要於君德，君心不正，萬機胥壞矣。予謂人君之心，當時時知懼，不懼則驕，亂本成矣。

夜，至雨三寓，作試帖詩一首。（道光二十三年二月三十日）

評點

《詩》曰：『戰戰兢兢，如臨深淵，如履薄冰。』這種臨事而懼的態度，向爲中國傳統文化所推崇。存有這種畏懼心態，則必然思之以縝密，出之以謹慎，尤其身爲領袖人物，其一言一行，影響的不祇是個人，而是群體，所以更要有這種知懼心態。

朱蓮甫説君心要正，固然正確，而曾氏强調人君要知懼，則更説到點子上了。曾氏在後來所寫的題爲《漢文帝》的讀書筆記中，提到創造文景之治的漢文帝，面對着至高無上的君權，心中常有『自愧不稱帝王之職』的畏懼感。因爲此，漢文帝纔『其過必鮮』，成爲後世史家稱道的英明之君。

□戲劇性地升官

原文

早起，在園子早飯。辰正歸，午初到家。

因場屋有大錯亂，心甚不安帖，與内人兀坐相對，患得患失之心，憧憧靡已，强爲制之，尚覺擾擾，夜不成寐。平日所謂知命者，至是何有，真可羞已。

未正，赴何子敬飲約。（道光二十三年三月十一日）

評點

昨天凌晨三點多鐘曾氏便起床，爲的是進圓明園參加翰林院、詹事府的考試。翰林院與詹事府的官員們，平時實事不多，他們的遷升，主要依據於三年一次的大考。曾氏參加的便是這種大考。

考場設在正大光明殿。五點入場，六點正式開考。考題爲賦一篇：《如石投水賦》；論一篇：《烹阿封即墨論》；五言八韵詩一首。將近下午兩點鐘時，曾氏完成三篇詩文的草稿。兩點時開始謄抄，一直到六點鐘纔謄抄完畢。

交卷出場後，與别人比對賦文，這纔發覺出了一個大差錯。錯在哪裏，曾氏日記裏没有記載，我們也就無從得知了。今天上午十一點，曾氏回到家。對夫人説起賦文中的差錯，心裏很是不安穩。夫

人也没有辦法幫忙，衹得陪着夫君乾坐着。對於這種心態，曾氏稱之爲患得患失。

當然，這種情形，所有參加過重要考試的人，幾乎都遇到過，大家都視爲常情，不以爲然。確乎是常情，但本質上也確乎是患得患失；若不把得失看得如此嚴重，又怎會心裏極不安寧呢？

第二天下午曾氏從外面會客回家，仍未聽到考試閱卷的情況，心中十分焦急，四處打探，坐卧不安。到了十三日一清早，消息傳來了，曾氏列名二等第一。一等有五人，曾氏總序排名第六。結局這樣好，大出曾氏意外。十四日上午，曾氏進官接受道光帝召見，升任翰林院侍講，從五品銜。從此，曾氏由一低級京官進入中級京官的序列。一百二十七名會考者，升官的衹有十一人，不足十分之一。曾氏當屬幸運兒。

由失誤而擔心到名列高等再到越級升官，這幾天的經歷，真帶有戲劇性。曾氏在京城十二年，官運亨通，這次的晉升，僅僅是好運的開始。

這篇日記中的『兀坐相對』與第二天日記中的『四處打探，行坐不安』，活脱脱的現出一個真實的青年曾國藩來。他天天講静心，講謹言，一旦到命運攸關的時候，素日的修身都不起作用了。人要改變自己，真的不容易呀！與别人不同的是，即便在這種時候，他也能看出這是『患得患失之心』在作怪，『四處打探』是『醜極』。有這種認識，便可以對心態和作爲起一定的遏制作用。這大概是修身與不修身的區别之所在。

□家人一道隨之升官

原文

早起，至東小市買衣，已正歸。寫家信甚短，又料理寄家補服品頂、阿膠、鹿膠等件，托竺虔帶交。申初，赴王翰臣飲約。席間，次海秋韵，送竺虔南旋，即之官閩中。聞人一言，足以快睚眦之怨，口雖不言，心竊欣之，可鄙孰甚。雨農、岱雲來寓，談至二更。（道光二十三年三月十九日）

評點

曾氏今天去東市買衣。買什麼衣服？筆者以爲多半是去買官服。因爲升官了，得換補子與頂戴，當然也得換一件新的袍褂。有同鄉回家，曾氏又委托他順便帶點東西回去。這東西裏便有補服、頂戴。曾氏在這天寫的家信中注明：『付回五品補服四付、水晶頂二品。』

由此我們可以獲得兩個信息：一是官員的補子、頂戴是需要自己買的，也是可以在市場上買得到的（可能有官府設的專賣店）；二是一個人升了官，家裏的直系長輩也就跟着升。曾氏寄回四付五品補服，顯然是給他的祖父、祖母、父親、母親的，至於水晶頂，則可能衹有男性的帽子上用得着，女性或許沒有官帽，或許有但不用頂子。

這種把官職封贈（對生者授職爲封，對死者授職爲贈。如曾氏所撰的《大界墓表》：『以國藩忝竊禄位，府君初貤封中憲大夫，後纍贈爲光禄大夫、大學士、兩江總督。』）給家人的做法，將官員本人與家庭更加緊密地聯係在一起。一榮俱榮，一損俱損。官員仕途上的升與降，直接決定着家人的榮辱得失。封建時代的封贈制度，就這樣牢牢地將它的公務員控制在朝廷手裏。

這次給他帶東西回家的朋友是金藻，字竺虔。他被朝廷揀發福建知縣，先回湖南省親，再去福建赴任。曾氏與金爲鄉試同年，在京時關係密切。金赴閩前，曾氏有詩送他。詩曰：『朋好翩翩去，君今傷此行。春風一杯酒，舊雨十年情。循吏平生志，神仙薄幸名。海隅氛正惡，看汝斫長鯨。』

□任性與好動

原文

早起。飯後拜客。進城至東四牌樓等處，又拜東頭各家。至熊秋白處赴飲約。是日，暴熱侵人，困甚。座間，人尚謹飭，我獨脱袍帽自放，未免失之野。二更盡方歸。聞子貞、海秋過寓，猶躍躍思出門夜談，何好動也。（道光二十三年三月二十六日）

評點

本日曾氏檢討自己的兩處不是：一是因天熱酒席間脱袍帽，二是夜深了還想着出門訪談。酒席上，別人都衣冠楚楚，獨曾氏一人不能耐熱，脱去袍褂摘下帽子。曾氏時時要求自己『整齊嚴肅』，卻居然比別人還做得差，可見他骨子裏是個不願意接受約束的任性人。白天進城拜訪了幾家友朋，又去人家喝酒吃飯，直到半夜纔到家，一天够累了。到家後聽説何紹基、湯鵬曾來過，又不顧疲勞夜深，躍躍欲思出門拜訪。曾氏是立過『夜不出門』誓言的，可見他骨子裏是個好動的人。

感謝這則如實記載的日記，讓我們看到一個真實的青年曾國藩。

□老氏有殺機

原文

早起，至東小市買衣，巳正末歸。飯後，吴子序來，久談。言聖人言保國保天下，老氏言取國取天下，吾道祇自守，老氏有殺機云云。其義甚精，好學深思，子序不愧。

又會客二次，至城内拜客二家。歸，寫小楷千餘字。燈初即睡。（道光二十三年四月初八日）

評點

同年吴嘉賓（字子序）來曾氏家拜訪。吴談他的治學心得：孔孟説的是保衛國家保衛天下的學問，老子説的是奪取國家奪取天下的學問。儒家的道義祇是自我守衛，而老子蘊含着殺機。曾氏贊賞吴爲學深刻，所言很有道理。

世人都認爲老子主張柔弱，主張順其自然，道家是以謙退自抑爲宗旨的學説。吴則看出與衆不同之處，説老子志在奪取，有殺機。我們翻開《道德經》，確實可以看到『取』字常常撲入眼簾：『故取天下，常以無事；及其有事，不足以取天下。』（四十八章）『以正治國，以奇用兵，以無事取天下。』（五十七章）『故大國以下小國，則取小國；小國以下大國，則取大國。故或下以取，或下而取。』（六十一章）這些話傳授的都是如何取國取天下的機栝。

老子説：『將欲歙之，必固張之；將欲弱之，必固强之；將欲廢之，必固興之；將欲奪之，必固與之。』這些便是老子與世界打交道的策略。由此可知，柔弱並不是其目的，剛强纔是他的希望；退抑也不是其目的，勝出纔是他的心願。正是基於這樣的認識，所以古時便有人説老子是陰謀家。

吴嘉賓的這番議論，也可能源於别人的啓示，也可能是自己的獨自見解，不管怎樣，它能幫助我們從另一個角度來讀老子。

□慚愧無德於民

原文

早，因風不順，未開。巳初開船過湖，兩岸皆蘆葦，旋至横壩頭。宿松黄令率邑紳四人來送。兩岸百姓，扶老携幼，走送者數千人。無德於民，兹可愧也。

申刻行至老洲頭登大舟，舟係吴城船廠爲余新造者，極堅實，極華麗。誦韋公『自慚居處崇，未睹斯民康』之句，爲之愧悚不已。

巳、午刻，改摺片三件，寫胡中丞信一件。酉刻寫楊、彭信一件，清理文卷。夜與李小泉、少荃在船尾亭上閒談。（咸豐十年五月十六日）

評點

我們讀到的這篇日記，與上篇日記的距離，已隔了整整十七年。對於一個人來説，十七年的光陰應是够長的了。而這十七年間，他所處的時代，則有着掀天揭地的大變化。

十七年的前半部，曾氏在京師官運亨通，甚至可以説是青雲直上。他在三十七歲那年，升爲從二品禮部侍郎銜内閣學士，三十九歲時正式做起禮部侍郎。四十二歲時遭遇母喪。他回湖南守喪，又正趕上太平軍冲出廣西，一路北進。曾氏奉旨充任湖南團練大臣。他借這個機會組練湘軍，歷經千難萬險，事業纔初具規模。

咸豐十年四月下旬，曾氏奉旨署理兩江總督。五月十五日，曾氏率部從安徽宿松啓程東進。寫這篇日記時，曾氏正坐在離開宿松的船上。今非昔比，此刻的曾氏，已是國家的南天柱石，手握軍政大權，威風凛凛，萬民瞻仰。日記中記載宿松百姓數千人前來送行，他所乘坐的大船堅實華麗。

相比過去的無權無勢，曾氏應是躊躇滿志，意氣昂揚，但曾氏日記裏流露出的仍是自省自惕。他反思兩點：一是慚愧無德於民，二是慚愧自己的座船比别人的好得太多。一個人擁有這等顯赫權勢，還能作如此真誠的反思，這自然是一則出之於對權勢的深刻洞察，二則是出之於思維定式。筆者有足够的理由相信，自從道光二十一年開始修身起，二十年來，曾氏已養成了自省自惕的思維習慣和行爲方式。這一點，對於一個掌控生殺大權的軍政要員來説，意義更爲重大。

日記中提到的韋公，即唐代詩人韋應物。韋應物長期出任州郡刺史，對於天寶亂後老百姓的痛苦多有瞭解同情。他的詩作中也常常透露憐憫民生的情懷。他還有兩句詩：『身多疾病思田里，邑有流亡愧俸錢。』與日記中所録的『自慚居處崇，未睹斯民康』一樣，常爲後世稱道。

□爲權位太尊名望太隆悚懼

原文

早，出城，至黄惠清營内，見哨官張夔，有似劉筆客，哨官隆德元，有似張石匠。飯後，清理文件。旋寫毓右坪信、李筱泉信、張小浦信。見客三次。小睡一時許。

中飯後核改信稿三件。旋清理文件。不甚爽快，與程尚齋圍棋，局未終，接奉諭旨，補授兩江總督兼放欽差大臣。權位太尊，名望太隆，實深悚懼。終局後，道喜之客紛紛，至夜不止。清理文件，二更畢。（咸豐十年七月初七日）

評點

曾氏五月十五日由安徽宿松縣城拔營起行，經過二十六天的舟車勞頓，於六月十一日到達祁門縣城，將兩江總督衙門臨時設於此處。七月初七日，曾氏接到諭旨：補授兩江總督兼欽差大臣。

朝廷在咸豐十年四月十九日任命曾氏以兵部尚書銜署理兩江總督，直到五月二十日，曾氏纔奉到這道旨令。這中間歷時整整一個月。但在四月二十八日，曾氏却奉到由軍機處寄來的二十一日公文，上面寫着：『曾國藩已有旨署理兩江總督，自應統帶各軍兼程前進。』並於同日接到湖廣總督官文通報此事的咨文。所以，實際上曾氏在四月二十八日就已經知道朝廷四月十九日的任命。五月三日，曾氏在沒有接到正式任命書的時候，便於宿松發出《謝署兩江總督恩摺》。筆者之所以要詳細列出這個時間表，意在告訴讀者，戰亂時期，就連朝廷的重要諭旨，有時都不能按時到達。

朝廷初次任命曾氏爲兩江總督，用的是署理，也就是代理的意思。朝廷爲什麼不一步到位，直接任命曾氏爲兩江總督呢？難道曾氏的資歷不够嗎？難道這中間還有一道必要的程序要走嗎？都不是！其實，這背後另有隱衷。江督一職，對曾氏而言，來得極爲不易。

曾氏從咸豐二年底組建湘軍，到咸豐十年春，九個年頭中，他都以朝廷侍郎銜的身份在湖南、湖北、江西、安徽一帶東征西戰。他沒有地方實職（咸豐四年八月打下武漢後，他衹做過七天署理湖北巡撫，而後便以兵部侍郎銜整師東下）。咸豐七年六月，他在家守父喪，借朝廷令他出山的機會，大吐苦水，訴説自己客寄虛懸的苦惱，聲稱無督撫實權不能帶兵。朝廷寧願不叫曾氏帶兵，也不給他地方之職。咸豐十年春，江南大營被太平軍攻破，蘇南全部落入太平軍之手，江督何桂清棄城逃命，巡撫徐有壬城破身亡。朝廷在此情形下，不得不任命曾氏總督兩江。

關於這個過程，曾氏的機要秘書趙烈文在同治三年四月初八的日記中説得很清楚：『自咸豐二年奉命團練，以及用兵江右，七八年間坎坷備嘗，疑謗叢集。迨文宗末造，江右覆亡，始有督帥之授，受任危難之間。蓋朝廷四顧無人，不得已而用之，非負扆真能簡畀，當軸真能推薦也。』

即便四顧無人，咸豐皇帝最初也是安排胡林翼做江督，讓曾氏代替胡做湖北巡撫，祇是在肅順的勸諫下，咸豐帝纔改變主意。薛福成在《庸盦筆記》中記下了這段經過：『蘇、常既陷，何桂清以棄城獲咎，文宗欲用胡公總督兩江。肅順曰：「胡林翼在湖北措注盡善，未可挪動。不如用曾國藩督兩江，則上下游俱得人矣。」上曰：「善。」』

咸豐初意本沒有考慮曾氏，祇是在肅順的點撥下纔明白過來。是否因此而祇讓曾氏署理，未立即實授，以便在自己的內心裏有一個過渡呢？或許還有更深長的用意在背後呢？關於這個問題，筆者曾有專文研究，此處姑且祇點到這裏，以後有機會的話再慢慢説。好在咸豐帝的過渡期很短，六月二十四日便正式授曾氏爲兩江總督兼欽差大臣。七月初七日，曾氏在祁門大本營中接到這道聖旨。當天的日記記下了他奉旨時的心緒：『權位太尊，名望太隆，實深悚懼。』這樣的心緒，符合曾氏的心理定式。

同時，他也與普通人一樣，對擁有如此權位深感欣喜與安慰。我們看七天後他寫給在家守屋的澄弟的信：『兄於初七日接奉諭旨，補授兩江總督實缺，兼授爲欽差大臣督辦兩江軍務。家大人放了，所以未得個信者，以日内尚無便人回湘也。』一句『家大人放了』，多少自豪與得意之色包含在其間！

□身旁須有一伺短箴規之人

原文

早，未出外。飯後清理文件，見客三次，寫季高信一件、胡宫保信一件，改信稿二件。中飯後見客，張凱章久談。

旋清理文件，内有裁南河各官一案，細看二遍，辦理甚爲斬截精細。計裁去河督一缺、河廳二十缺、佐雜六十四缺、武員七十六缺，新添總兵一缺。改廿四營爲十營，留舊操防兵二千七百餘人，以修防改爲操防兵五千九百餘人。每年省工程銀一百三四十萬，省廉俸銀三萬餘兩。近來大政，此事最有條理。

傍夕與作梅久談。夜與作梅久談，言余身旁須有一胸襟恬淡者，時時伺余之短，以相箴規，不使矜心生於不自覺。

讀古文《爾雅圖贊》、陶淵明《史記贊》，若有所會。（咸豐十年七月二十六日）

評點

曾氏成爲湘軍統帥之後，他的身邊聚集着五湖四海前來投奔的人，其中有兩支人脉最爲重要，也極受曾氏重用。他一向將來自這兩支脉絡上的人視爲心腹：其一爲湘中才俊，其一爲京師舊友。陳鼐屬於京師舊友一支。

陳鼐字作梅，江蘇溧陽人，道光二十七年中進士，曾氏對陳評價甚高。他在咸豐三年十月二十六日給李瀚章的信中說：『丁未館選後，僕以少荃及筠仙、帥逸齋、陳作梅四人皆偉器，私目爲丁未四君子。』曾氏將陳與李鴻章、郭嵩燾等並列，足見陳在曾氏心目中之重。陳還精於堪輿之學，曾氏曾請過陳去湘鄉爲家族看地。咸豐九年八月初六日，曾氏專門派人前往溧陽迎接陳入軍營，並贈銀百兩作爲途費。這年十一月十九日，陳來到宿松老營，開始以亦幕亦友的身份與曾氏共事。

這天夜裏，陳與曾氏久談。曾氏在日記中記下陳所說的幾句重要的話，即曾氏身邊需要有一個能常常看到其不足之處、隨時予以規勸的人。這個人要不以名利官位爲追求目標，胸襟恬淡。陳的建議，對眼下的曾氏來說，非常及時，非常必要。

曾氏身邊，現在圍繞的全是一批服從者、執行者、聽命者、頌揚者、逢迎者。作爲軍事統帥和行

政長官，曾氏無疑需要很多這樣的人。但人非完人，總有犯錯之處、考慮不周之處、措置失當之處，其結果不但有損於曾氏本人形象，更重要的是對事業不利，而曾氏身邊的人却不能也不會去批評其錯誤、指出其不足。曾氏應當有意識地在自己身邊安置諫員與拾遺補缺者。這個人必須不求名利，否則不能忠於職責。

曾氏認爲老友陳鼐此項建議很好，遂鄭重寫在日記中。日後是不是有了一個這樣的專職諫員，筆者不得而知，但曾氏號召別人都來當諫員，却是真的。他爲督署親題的聯語，表明了他的這種態度：

雖賢哲難免過錯，願諸君讜論忠言，常攻吾短；

凡堂屬略同師弟，使寮友行修名立，方盡我心。

□戒傲戒師心

原文

早起，至河溪營查閱。飯後，清理文件。旋寫胡中丞信、張小浦信、沅弟信，小睡。中飯後見客四次，清理文件，改信稿二件。

接奉批摺，係七月十二日所發之謝摺。朱批稱卿，而戒余之師心自用。念昔己亥年進京，臨別求祖父教訓，祖父以一『傲』字戒我。今皇上又以師心戒我，當刻圖書一方，記此二端。

旋清理文件甚多，酉刻畢。倦甚，遂不作一事。夜與少荃談。服人參一錢。（咸豐十年八月初五日）

評點

道光十九年十一月初，曾氏離開老家前往北京，參加翰林院的散館考試。若考試順利通過，通常會留在翰林院，做一名小京官。若考試不順利，則有可能分發京師各部及外省各縣。總之，從此告別父老鄉親成爲朝廷官員，而這也就意味着今後就要離開家，不能常回來孝順祖父母、父母了。此時曾氏虛歲二十九歲，風華正茂。行前，他向祖父求教。祖父對他說，你的學問是好的，官是做不盡的，但要戒傲。祖父在曾氏的心目中有極高的地位，是曾氏一生的精神偶像。祖父這一番戒傲的話，曾氏銘刻在心。

咸豐十年七月初七日，曾氏接到實授兩江總督兼欽差大臣的諭旨，十二日，曾氏拜發謝恩摺。咸豐帝在該摺上親批朱文：『知道了。卿數載軍營，歷練已深。惟不可師心自用，務期虛己用人，和衷共濟，但不可無定見耳。』

日記中所說的戒傲戒師心，便是指的這兩件事。大凡才大心高的人，多有幾分驕傲與自以爲是，曾國藩自然也不會例外。如何既有自己的定見，又不內拒良諫、外露傲氣，這確乎是團隊領袖所需要認真思考的大課題。

□艱苦得來而可久可大

原文

早，未出城。飯後清理文件。旋寫駱中丞信、李希庵信，清理文件。午正小睡。中飯後核改信稿三件，內有夏弢甫一信，將渠所著書略翻數種，乃能核改。渠言『朱子之學得之艱苦，所以爲百世之師』二語，深有感於余心，天下事未有不自艱苦得來而可久可大者也。旋清理文件。傍夕寫掛屏四付。夜閱夏弢甫著書。眼蒙頗甚。（咸豐十年八月初六日）

評點

婺源教諭夏弢甫給曾氏寫信寄書。曾氏在戎馬倥傯之中，居然還翻閱了這位教書先生的著述，并且對他的朱熹學問得之於艱苦的議論深表贊同。曾氏由此生發出天下的事情要想做得大而影響久遠，則必定要有艱苦過程的感慨。半個月後，曾氏在給夏弢甫的復信中談到了他的共鳴：『述朱質疑中所論朱子之學得之艱苦，則國藩生平之宗旨，治軍之微，尚有如桴鼓之相應。自以爲秉質愚柔，舍困勉二字，別無入處。而不意閣下尚論大賢，亦以艱苦二字發其微也。』

曾氏提倡拙誠，即用笨拙誠實的態度辦事，并且說過『天道忌巧』的話。他用人，也不喜歡用過於乖巧浮滑者。夏弢甫能看出朱子學問得於艱苦，這點深合曾氏心意，所以他誠意邀請夏弢甫本人并帶幾個人來加入幕府：『並請携二三學者同來敝處，即入忠義局，月致脩金，分任采訪，不勝企望。』

夏不久果然前來加盟。

□居高位者多敗於自是與惡聞正言

原文

早，拜發萬壽摺。飯後，圍棋一局，見客三次。與張伴山、劉幼蟠議薪水之事，裁減一番。旋清理文件。中飯，請左季翁及李青培便飯。夜清理文件。旋校《古文·論著類》中之老泉諸文。日內，荒於弈棋，精力彌憊。

早，接九弟信，言古稱君有諍臣，今兄有諍弟。余近以居位太高，虛名太大，不得聞規諫之言爲慮。若九弟果能隨事規諫，又得一二嚴憚之友，時以正言相勸勵，內有直弟，外有畏友，庶幾其免於大戾乎！居高位者，何人不敗於自是！何人不敗於惡聞正言哉！

夜，睡至四更末即醒，不復能更睡。古人言，晝課妻子夜課夢寐。吾於睡中夢中總乏一種好意味，蓋猶未免爲鄉人也。（咸豐十年十一月初二日）

評點

曾氏此時身爲湘軍統帥、兩江總督兼欽差大臣，是真正的位高權重。處此種位置，有人大施拳脚，有人戰兢恐懼。大施拳脚，是因爲權位爲之提供了一個大平臺；戰兢恐懼，是因怕一事辦砸而負責太大。原於稟賦、學識、修養的不同，有的取前者，有的取後者。前者可以導致更大的事業，但也可能因之而助長心思膨脹。後者有不够恢廓之嫌，却可穩穩當當。中國傳統觀念贊賞後者較多，因爲心思膨脹帶來的惡果，會遠遠大於可能的更大成就。

曾氏無疑是一個傳統的遵循者。他在獲得他多年夢寐以求的權位後，始終以一種臨深履薄的心態處世爲人。這種心態多少會對他有些限制，但却確保其人生和事業的穩當。其實，對於高位重權又操辦大事的人來說，『穩當』二字，或許對人對己都顯得更爲重要。

□李鴻章說曾氏的短處在儒緩

原文

早飯後見客三次，學使來久坐。旋圍棋一局。自已初至午，小睡。清理文件時許。中飯後，天氣酷熱，遍身奇癢，用竹指磨。旋清理文件頗多，至戌初畢。

在後院乘凉，與少荃久談，至二更三點始散。論及余之短處，總是儒緩，與往年周弢甫所論略同。睡，不甚成寐。黃弁值日。（咸豐十一年六月二十八日）

評點

時值盛夏，天氣酷熱，曾氏與李鴻章師生二人夜晚在湘軍老營新駐地安徽東流縣城納凉。談到老師的短處，學生李鴻章直言『儒緩』。儒緩是什麼意思？曾氏有一篇以『儒緩』爲題的讀書筆記，專談此二字。文中說：『《通鑒》凉驃騎大將軍宋混曰：「臣弟澄政事愈於臣，但恐儒緩，機事不稱耳。」胡三省注曰：「凡儒者多務爲舒緩，而不能應機以趨事赴功。」』據胡三省的解釋，是因爲儒家學派的人辦事多緩慢，不能當機立斷、臨機處決，故而容易喪失機遇。儒家信徒們的這種應事緩慢，就叫做儒緩。

曾氏好性理之學，自是儒家這個體系中的人，又自認『性魯鈍』，所以曾氏身上『儒緩』的毛病最爲突出。他身邊的人對此多有共識。幕僚周騰虎就曾經向他指出了這一點。今夜李鴻章也當面直言。對曾氏儒緩毛病最爲不滿，常常毫不留情地當面背面批評的則是左宗棠。左在給兒子的信中説曾氏『滌相於兵機每苦鈍滯』。這『鈍滯』的出現，其源出在『儒緩』。

曾氏對自己的這個毛病也有認識，他曾經也對兒子説過：『行軍本非余所長，兵貴奇而余太平，兵貴詐而余太直。』他雖認識到了這一點，但要改變却很難。他的仗打得艱難，用兵儒緩，應該是其中的一個重要原因。不過，話説回來，很多人都知道自己的短處之所在，但同樣也都改變不了，這大概就是俗話所説的『江山易改，本性難移』。曾氏身處這樣的位置，能够聽得進别人的批評，正視自己的短處，也就不容易了。

□作詩自嘲

原文

早間，各文武賀朔，至巳正方畢。與柯筱泉圍棋一局。蔣蒓卿搬入公館。少荃來，悤敘一切。午正因説話太多，倦甚。清理文件。午飯後，又見客三次。

寓内修葺東北廳屋三間，余簽押房將移於此，頻往看視，亦因神怠不能治事，故聊爾消摇也。責任艱大，才智不稱，精力日疲，可憂之至。夜清理文件。季弟信，言收降卒三千，請立大營，躊躇久之，不敢定計。

公牘中所刻余官銜，字數太多，因删去十四字，令其另刻。戲題一絶云：『官兒盡大有何榮？字數太多看不清。删去幾條重刻過，留將他日寫銘旌。』

温韓詩十餘首。二更三點睡，酣眠至五更方醒，美睡也。（同治元年二月初一日）

評點

不要以爲曾氏謹修理學，就是一個一天到晚嚴肅正經、不苟言笑的刻板者。據李鴻章説，曾氏喜歡説笑話，逗得衆人哄堂大笑，他自己也樂在其中。今天日記中的自嘲絶句便是他另一面的最好記録。

此刻的曾氏有許多大得嚇人的官銜。曾氏所收到的這份公牘上刻些什麽官銜，因未見原件已不可知，但筆者想，至少應該有這樣一些内容：太子少保、協辦大學士、兵部尚書、欽差大臣、兩江總督等等。這些個官銜，一個人能擁有其中一項都不得了，何況集於一身！無論古今，這都是中國男子漢們所渴望的境遇。但曾氏看到這些官銜作何想呢？他説，太多了，太大了，它們能够給我帶來什麽榮譽呢？反倒是字數太多，令人看不清楚，不如删去幾項重新再刻。删掉的那些官銜，留到日後爲我寫墓誌銘再用吧！

寫這首自嘲絶句的曾氏，此刻是一種什麽樣的心態呢？

依筆者的揣想，首先應是有幾分欣欣然自得之態：看看，這麼多的官銜，哪一個不是自己曾經夢寐以求的，哪一個又不是别人日思夜想的？現在都來了！這難道不是人生快意事嗎？

接下來應是深以擔子沉重、責任重大爲慮。此刻雖然安慶已克，兩江總督的衙門已有一個像模像樣的安置點，但太平天国依然氣勢浩大，軍事進展艱難。朝廷已把整個東南戰場委之於曾氏一人。曾氏既集全權於一身，自然也就聚全責於一身。舉手動足，皆涉安危，一絲一毫，不能疏忽。這種壓力會有多麽巨大！

再接下來，作爲東南統帥，曾氏一定會想到：實際上真正起作用的，祇是一個官銜所賦予的權力，即節制四省的兩江總督，而其他都是虚的，所以曾氏可以『刪去幾條』，大大方方地説幾句瀟灑話，做一個空頭人情。

透過這首自嘲詩，我們可以看出身處官場旋渦中心的曾氏，對虚榮與實利的清醒認識。

□不可以一事定身體之强弱

原文

早飯後清理文件。旋圍棋一局，與雲仙久談，見客三次，吴彤雲坐最久。閲劉青雲一案各卷。中飯後，再閲是卷。申刻傳集人证，親自審訊，至酉正止，未審得端倪。瑞州營外委兩次當堂裝作瘋癲，殊屬可疑。旋傳委員劉兆彭來商論此事。閲本日文件。傍夕至竹屋處一談。夜清理文件。二更後與雲仙鬯談。

是日因説話太多，神氣疲乏。余自三十時即不能多説話，説至數十句便氣不接續，神尤困倦。今已二十餘年，故態不改，亦不加甚，故知身體之强弱，千態萬變，未可以一事之偶强而遽信爲壽徵、一事之偶弱而遽信爲敗徵也。（同治元年閏八月初三日）

評點

曾氏從年輕時起，身體就不太强壯。三十歲時得肺病，幾於不治，後來雖然治好了，但從此體氣不結實。日記中説他自三十歲時便不能多説話，且精神易覺困倦，説的便是這種精氣神上的欠缺。但二十餘年過去了，曾氏説自己依然還是老樣子，『不强壯』也未加劇。因此他得出一個結論：身體之狀况，是多種因素的綜合，不可以因某一事之强弱而去判定壽命之長短。

曾氏的這個感悟是有道理的。許多身强力壯的年輕人，一個突然發作的疾病，便要去了命。相反，也有許多少時身體不好，却反而老而彌健。齊白石高壽九十有四，但小時也得過肺病，體質孱弱，因此不能做田裏活計，改學木匠。他一生活到老，畫到老，九十歲時還能畫頭髮絲般的蝦鬚。畫使齊白石長壽。强烈的事業心也使得曾氏自强不息，没有被早年的不治之症摧毁意志。有形的體格，亦與無形的精神是密不可分的。